江汉泱泱 商邑煌煌
——盘龙城遗址陈列图录
EXHIBITION OF PANLONGCHENG SITE

盘龙城遗址博物院 编　万　琳 主编

文物出版社

图书在版编目（CIP）数据

江汉泱泱　商邑煌煌：盘龙城遗址陈列图录 ／ 盘龙城
遗址博物院编；万琳主编 ． -- 北京：文物出版社，
2021.7

ISBN 978-7-5010-7164-7

Ⅰ．①江… Ⅱ．①盘… ②万… Ⅲ．①古城遗址（考古）—
武汉—商代—图录 Ⅳ．① K878.02

中国版本图书馆 CIP 数据核字 (2021) 第 136632 号

江汉泱泱　商邑煌煌
——盘龙城遗址陈列图录

编　　者：盘龙城遗址博物院

主　　编：万　琳

责任编辑：周艳明

书籍设计：特木热

责任印制：张道奇

出版发行：文物出版社

社　　址：北京市东城区东直门内北小街 2 号楼

邮　　编：100007

网　　址：http://www.wenwu.com

经　　销：新华书店

印　　刷：河北鹏润印刷有限公司

开　　本：889mm×1194mm　1/16

印　　张：14.25

版　　次：2021 年 7 月第 1 版

印　　次：2021 年 7 月第 1 次印刷

书　　号：ISBN 978-7-5010-7164-7

定　　价：390.00 元

编辑委员会

序

早在 20 世纪 80 年代，我就从课堂上学习到盘龙城遗址的情况和价值。盘龙城遗址博物院倾力创作的"江汉泱泱　商邑煌煌——盘龙城遗址陈列"展览，不仅使我更加系统和清楚地了解到盘龙城遗址 60 多年来发掘、保护、研究的进程，而且让我对夏商时期整个长江中游地区的文化面貌多了一份认识。

从新石器时代以来，长江流域特别是长江中游地区就已经形成了发达的区域文化。从大溪文化、屈家岭文化到石家河文化，整个文化发展轨迹相当清晰，尤其是屈家岭文化至石家河文化阶段，文化发展程度与长江下游、黄河中下游甚至北方地区大体处于同一水平上。而之后的盘龙城在长江文明的发展进程中有着十分重要的意义。

根据现有研究，在后石家河文化时期，夏王朝的势力已向南推进至长江流域。终夏之世，中原文化不断输入，纵然夏商交替，但中原文化仍继续向南推进，进而诞生了盘龙城这处重要的城市。

盘龙城在形成初期可能只是商人建立的军事性据点，但逐渐成为一座地方性城市，成为区域的政治中心。从盘龙城出发，商王朝向南方的势力推进一发不可收拾，以盘龙城为据点往西影响到了荆南寺，沿长江至下游，越过铜绿山铜矿带，直抵江西，再南下影响到了吴城。作为至今为止公认的商代南土最大的城址，从某种意义上说，盘龙城改变了长江流域的文明进程，对于广大的南方地区融入以夏商为中心的华夏文明系统，起到了举足轻重的作用。因此，许多人说盘龙城不仅是武汉的城市之根，也是长江中游地区甚至长江以南地区逐步纳入华夏文明系统的根据地，我认为这是符合历史实际的。

把上述考古研究的成果告知公众、"让文物说话"，并非易事。这需要适当的遗址展示，需要好的博物馆展示，需要发掘者、研究者、保护者、阐述者和管理者通力合作。所幸，通过盘龙城遗址博物院的建设，这几个要求都完美地实现了。

近十几年来，遗址博物馆在我国博物馆群体当中展现出非常生动、富有活力的姿态，这与国家文物局倡导的大遗址保护与考古遗址公园建设密切相关。大遗址保护、考古遗址公园建设和遗址博物馆的建设，相互推动、互相促进，构成了最近十几年来中国文物博物馆事业蓬勃发展最引人注目的现象。盘龙城国家考古遗址公园和遗址博物馆建设，被我视为后来居上的超越者。

我认为，从某种意义来说，遗址博物馆首先是公众考古与应用考古的问题。它首先要解决的应该是考古研究和历史研究的问题，而不是博物馆展示的问题。盘龙城遗址的保护和盘龙城遗址博物院的建设，一直建立在坚实的考古发掘和历史研究基础之上。从列入国家大遗址保护项目开始，湖北省和武汉市都一直把盘龙城遗址保护和博物馆建设放在并重的位置上，虽然程序上有先后，但齐头并进的目标始终坚定。经过多年不懈的努力，盘龙城国家考古遗址公园逐渐成为遗址与博物馆共生共存、交相辉映的典型范例。

盘龙城遗址博物院馆体选址与遗址呼应、博物馆展览与考古工作和历史研究充分照应，这与考古学、历史学、遗产保护、文物保护和博物馆展示等多方面紧密结合、平衡推进有着密切的关系。

盘龙城遗址的考古工作、遗址保护以及遗址博物院建设，很好地见证了几十年来中国文物考古和博物馆事业的发展，也树立起中国考古、文物保护事业与社会发展有效结合的一个榜样。我相信，有了这样良好的工作基础，盘龙城遗址博物院未来一定大有可为。

"江汉泱泱　商邑煌煌——盘龙城遗址陈列"展览，荣获了"第十七届（2019 年度）全国博物馆十大陈列展览精品奖"的殊荣。评委们一致认为，这是一个风格鲜明、展示鲜活的展览，实现了遗址与环境、历史与人文、保护与展示、考古学与博物馆学的融合交叉，让考古和历史研究回归到博物馆。展览内容充实、美观活泼，用多样的系列组合让青铜器、玉器、陶器重现遗址，使遗址再一次跃然于世人眼中，并重组再现了 3500 年前商代盘龙城高度发达的青铜文明，是一场值得细细品味的文化盛宴。

今天，盘龙城遗址博物院将基本陈列和展陈文物精心整理，形成图录，带领观众透过纸张细读展览，可以使观众和读者对盘龙城遗址产生更为深入的理解，促进学术交流，留存展览记忆。万琳院长嘱我写点心得体会，推辞不敬，仅以此文为序。

刘庆柱

2020 年 12 月 1 日于京西冯村

目录

盘龙城
国家考古
遗址公园
一

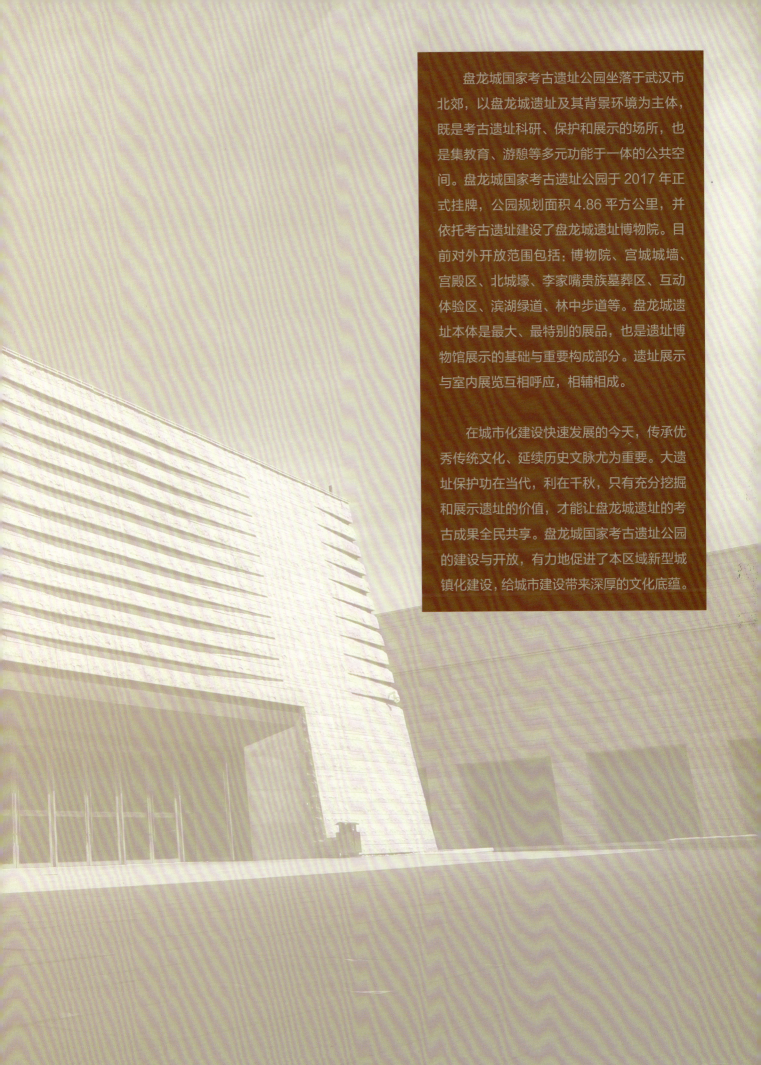

盘龙城国家考古遗址公园坐落于武汉市北郊，以盘龙城遗址及其背景环境为主体，既是考古遗址科研、保护和展示的场所，也是集教育、游憩等多元功能于一体的公共空间。盘龙城国家考古遗址公园于 2017 年正式挂牌，公园规划面积 4.86 平方公里，并依托考古遗址建设了盘龙城遗址博物院。目前对外开放范围包括：博物院、宫城城墙、宫殿区、北城壕、李家嘴贵族墓葬区、互动体验区、滨湖绿道、林中步道等。盘龙城遗址本体是最大、最特别的展品，也是遗址博物馆展示的基础与重要构成部分。遗址展示与室内展览互相呼应，相辅相成。

在城市化建设快速发展的今天，传承优秀传统文化、延续历史文脉尤为重要。大遗址保护功在当代，利在千秋，只有充分挖掘和展示遗址的价值，才能让盘龙城遗址的考古成果全民共享。盘龙城国家考古遗址公园的建设与开放，有力地促进了本区域新型城镇化建设，给城市建设带来深厚的文化底蕴。

盘龙城遗址

　　盘龙城遗址位于武汉市黄陂区盘龙城经济开发区，坐落于府河北岸环盘龙湖区域的二级台地上。遗址面积约 395 公顷，是由宫城城址、王家嘴、李家嘴、杨家湾、杨家嘴、小嘴、楼子湾、艾家嘴、江家湾、小王家嘴、童家嘴、丰家嘴、小杨家嘴等遗址点组成的大遗址。

　　盘龙城遗址发现于 1954 年，1956 年被公布为湖北省重点文物保护单位，1988 年被公布为全国重点文物保护单位，2001 年被列为中国 20 世纪 100 项考古大发现之一。1963 年进行了首次考古试掘。1974、1976 年，北京大学历史系会同湖北省博物馆在此进行了两次大规模的科学发掘，发现了宫城城垣、城壕、宫殿基址、贵族墓葬。其后，湖北省与武汉市文物考古工作者在此开展了大量工作，基本摸清了盘龙城遗址分布范围。特别是 2013 年以来，为配合大遗址保护工作，按照《盘龙城遗址考古发掘规划》，武汉大学历史学院、盘龙城遗址博物院、湖北省文物考古研究所、武汉市文物考古研究所等单位联合对遗址持续进行了一系列考古勘探与发掘工作，确立了较为完整的考古发掘三维测绘控制网，建立了数字化地理模型，发现和定位了杨家湾高等级墓葬、杨家湾南坡 4 号大型建筑基址等重要遗迹。小嘴青铜作坊区的发现，表明盘龙城存在本地铸造青铜器的情况。2016 年，对盘龙湖进行了水下勘探，探明湖底海拔高程 17.5 米以上区域多有商代

▼ 盘龙城遗址鸟瞰

文化堆积，表明商代盘龙湖的水域面积较现代小。2018年发掘的王家嘴4号墓，出土了以圜底铜爵为代表的一组殷墟一、二期文物，为研究盘龙城遗址年代下限提供了新的依据。在地理信息系统、陆地地磁仪探测、多波束水下测深、实时动态测量、土壤成分分析等多学科新科技的综合运用下，盘龙城遗址分布形态及遗址与自然环境之间的内在联系逐渐明晰。

盘龙城遗址至今累计发掘面积已超过2万平方米，共清理商代宫殿建筑基址4座（其中F3尚未全面发掘）、墓葬80余座，以及灰坑、普通居址、水井、手工作坊等诸多遗迹。出土各类文物3000余件，其中陶器及原始瓷器2000余件、青铜器500余件、玉器100余件、石器100余件。

盘龙城城址是长江流域保存最为完整的一座商代早期城址。遗址年代从夏代晚期开始，一直延续到商代晚期前段，时间跨度为公元前17—前13世纪。城址、大型宫殿建筑、高等级墓葬和大量高品质随葬器物，折射出夏商时期盘龙城在南方地区所具有的政治、经济、军事、文化中心城邑地位，对资源和社会财富具有高度的管控能力。盘龙城遗址是长江流域早期青铜文明中心、商代南土中心城邑、武汉城市之根，它的发现实证了长江与黄河同为中华文明的摇篮。

▲ 盘龙湖水下探测
▼ 小嘴青铜作坊区发掘现场

城垣现状与保护展示

宫城城址平面近方形。西、北、东三面城垣长 295 米，南城垣长 280 米，周长约 1160 米。城内地势东北高，西南低，东北部与西南部高差约 6 米。城内东北部是利用原有地貌并经人工填土平整加高而形成的台地，为大型建筑群所在地。城垣为夯土筑成。因 1954 年抗洪取土，墙体损毁严重，仅西城垣与北城垣保存状况较好。城垣基础宽 21～28、残高 2～3 米，外坡陡，内坡缓。每面城垣中部有一宽 5～7 米的城门豁口。2014 年，在南城垣中段发现有石砌排水涵道遗迹，为城内向城外排水的主要通道。

城垣保护展示以考古工作为基础，按照文物保护工作"保持原貌，修旧如旧"的原则进行。首先清理表层浮土和树根，清理厚度不超过农耕土深度，并加强边坡的夯实强度。然后在边坡陡峭处，采用短锚杆连接原城墙与覆土层，短锚杆经过了防腐处理，不会对城垣造成二次损害。最后经过夯实和覆草绿化，城垣及城门的地表轮廓呈现清晰，实现了较好的保护和展示效果。

▲ 盘龙城遗址城垣鸟瞰（由东向西摄）

城垣西北转角

西城垣城门	西城垣城门
豁口旧影	遗迹保护现状

东城垣城门遗迹保护现状

宫殿基址的考古发掘与保护展示

商代盘龙城大兴土木，在城内东北部高地上修筑夯土台基，建造大型宫殿。其中1号和2号两座大型宫殿建筑基址经过发掘。1号宫殿建筑基址坐北朝南，方向20°，平面呈长方形，是一座四周有回廊、中为并列四室的大型宫殿建筑。夯土台基由红土铺筑，东西长39.8、南北宽12.3米。整个建筑以回廊外沿大檐柱柱中为计，总面阔约38.2、进深11米。台基高出当时地面0.2米。2号宫殿基址位于1号宫殿基址南面约13米，坐北朝南，方向20°。台基系用红土铺筑台面，平面呈长方形，长29.95、宽12.7米。台基四周边沿有28个大檐柱柱穴。2号宫殿是一座中部不分间的厅堂式建筑，面阔约27.25、进深10.8米。2号宫殿建筑基址西侧，残存11节与夯土台基平行的陶质排水管，总长5.4米。排水管直径24厘米，每节长46~55厘米不等，各节只能拼接而不能套接。两座宫殿基址前后平行排列于一条南北中轴线上，构成了"前朝后寝"式的建筑格局。高等级的核心区域被独立和突出，映射出当时社会权力和资源的高度集中，贵族与平民之间等级森严。

▲ 1974年1号宫殿基址发掘现场

　　1号、2号宫殿基址经过精确定位后，进行覆土保护，在覆土上采用轻质材料模拟展示宫殿的残垣，确保不对地下遗迹造成伤害。邀请武汉市非遗传承人"泥人胡"胡作林采用泥塑工艺，利用解构的手法，展示木骨泥墙、夯土筑造等建筑工艺细节，模拟造型制作精细，观感真实。宫殿旁采用模拟考古探方的方式，增强了考古现场感。

▲ 宫殿基址模拟展示（近处为1号宫殿基址）

▼ 宫殿基址模拟展示（由南向北摄，近处为2号宫殿基址）

▲ 1、2号宫殿基址模拟展示
工程鸟瞰

◀ 木骨泥墙建筑工艺模拟展示

▼ 考古探方与宫殿基址呼应

▲ 2 号宫殿排水管道发掘现场

▲ 2 号宫殿排水管道模拟展示

城壕的考古发掘与保护展示

　　1976年，发掘了一段南城壕，北岸距南城垣坡脚约10米。此段城壕面宽约11.6米，距今地表最大深度3.9米。1979年，在北城垣外西北部发掘了一段城壕，南岸距北城垣约10米。此段城壕面宽约12.8米，距地表4.6米，口大底小，作锅底状。1979年，在南城垣外东段发掘了一段城壕，北岸距南城垣坡脚约10米。此段城壕面宽约6.8、深2.1米。城壕口大底小，走向与城垣走向一致。

　　城壕遗址尚未完全揭露，经2014年再次勘探，确定城垣外侧存在宽约5、深约3米的环壕。但北城垣外的壕沟仅存在于城垣北侧，不属于环壕，而是北城壕。根据地形条件，目前仅对北城壕进行了标识展示。首先确定北城壕两侧边线，保护原有地貌，不对地下的遗址本体造成破坏；然后只将近代形成的田埂、塘埂打通，沿边线培土，内铺设卵石，形成城壕的整体效果。

▼ 北城壕遗迹标识展示

李家嘴贵族墓葬区的考古发掘与保护展示

盘龙城遗址目前已发掘墓葬80余座。其中，李家嘴、杨家湾、杨家嘴、楼子湾、小王家嘴等地都有成片墓葬区，其他区域也有零星的墓葬分布。李家嘴贵族墓葬区目前发现6座墓葬，其中4座墓葬出土了青铜器与玉器等大量精美文物，代表了当时青铜文化发展的高超水平。李家嘴2号墓是目前盘龙城遗址发现的规模最大的殉人墓，南北长3.7、东西宽3.4米，墓室面积达12平方米，有棺有椁，发现三个殉人，随葬器物90余件，其中大部分为青铜器与玉器。

李家嘴贵族墓葬区的保护展示，首先精确定位墓穴位置，修复地表环境，夯实边坡，并覆土保护表面；然后在地表用植物标识墓葬位置和规模，周边设置相应的标识牌，让墓葬的展示与自然环境融合。墓葬内部器物出土情况的复原则装置于博物馆中，两种展示方式互为补充。

李家嘴贵族墓葬区
标识展示

李家嘴2号墓
发掘现场

李家嘴贵族墓葬区
与东城垣隔湖相望

考古遗址公园设施

园区内设置了互动体验区、考古工作现场等专门区域。遗址重点区域内各景点的环形参观道路总长约 5 公里，以博物院东为起点，经小王家嘴、杨家湾、盘龙湖畔、考古工作站、宫城城垣、小嘴、艾家嘴、江家湾互动体验区，连接公园主干道，形成参观环线。砂石路、木栈道、仿木桥梁、汀步石等相杂，蜿蜒穿插于山林湖塘之间。秉持寻访古迹、亲近自然的理念，盘龙城国家考古遗址公园将博物馆历史文物、考古发掘现场与湖泊湿地山水有机结合，形成了别具一格的人文地理风貌。

▲ 互动体验区鸟瞰

◀ 互动体验区

▲　考古工作现场鸟瞰

▲　模拟考古探方区

▲　杨家湾标识展示

▼　遗址内参观步道

盘龙城遗址博物院

　　盘龙城遗址博物院馆体建筑与遗址环境完美融合、和谐共生。建筑设计因地制宜，消隐建筑体量，以地景式半覆土建筑形态顺应坡地地势，科学处理建筑和坡地的关系。提炼盘龙城"城"与"台"的文化元素，衍生出与遗址景观对话的屋顶平台与通高庭院，登上屋顶可一览遗址全景，别有一种观赏体验。建筑高度限制在 12 米，与林冠线契合，建筑掩入茂密青葱的树林之中。周边的景观设计，充分尊重原生自然环境。建筑内部通过"井"字状天窗和落地窗与室外相通，令公共空间通透明亮。

　　盘龙城遗址博物院基本陈列"江汉泱泱　商邑煌煌——盘龙城遗址陈列"于 2019 年 9 月 27 日正式开放，展陈面积 3191 平方米，展线长约 673 米，展览文物 677 件（套）。以考古发掘为基础，以考古研究为支撑，结合专业内涵与观众视角，以"浪淘千古""故邑风物""角立南土"三个主题第一次全面展示盘龙城遗址的发现经历、发掘成果、人地变迁；通过可视化手段，多维度解读盘龙城遗址。按盘龙城的历史脉络，营造生动场景和浓烈氛围，传递丰富的历史信息，全面复原古代盘龙城的生活面貌，诠释盘龙城遗址的地位和价值。展览荣获"第十七届（2019 年度）全国博物馆十大陈列展览精品奖"。

▲ 遗址公园西广场（由西向东摄）

▲ 盘龙城遗址博物院（由南向北摄）

▼ "盘龙城遗址博物院"院名（李伯谦先生题写）

盘龙城遗址博物院全景
（由西北向东南摄）

盘龙城遗址博物院
公共仪式厅外景

公共仪式厅内景 | 建筑内透光空间 | 通向屋顶的石砌台阶

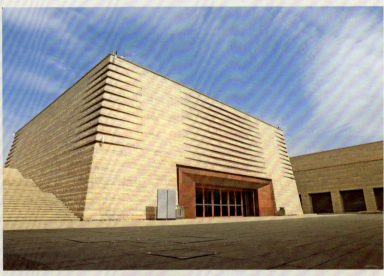

盘龙城
遗址陈列
—

　　盘龙城遗址博物院基本陈列"江汉泱泱　商邑煌煌——盘龙城遗址陈列"分为"浪淘千古""故邑风物""角立南土"三个展厅：第一展厅——浪淘千古，围绕盘龙城遗址的发现、发掘、保护、利用及其被称为"武汉城市之根"的渊源展开；第二展厅——故邑风物，展现盘龙城的城市发展脉络和物质文化，在扎实可信的考古学研究基础上呈现鲜活的盘龙城社会生活，讲述盘龙城的沧桑变迁；第三展厅——角立南土，在夏商大背景下，对比展示盘龙城文化、中原文化及周边各文化，突出盘龙城的地位及影响。

第一展厅
浪淘千古
Panning History

盘龙城遗址的发现，缘于1954年武汉发生的那场百年一遇的特大洪水。

对盘龙城遗址的认知，有赖于一代代考古人的不懈追求与反复求证。

它距今约3500年，是武汉城市之根，是长江流域已知布局最清楚、遗迹最丰富的商代早期城址与青铜文明重要中心。它是华夏文明形成过程中，长江文明与黄河文明齐头并进、共同发展的历史见证。

第一展厅分"发现盘龙城""认知盘龙城""寻根大武汉"三个单元，介绍了盘龙城遗址的发现、考古发掘历程及其在武汉城市发展中的历史地位。

▲ 第一展厅"浪淘千古"

▲　盘龙城遗址沙盘模型

◀　序厅中的遗址沙盘模型及多媒体解读展示

将盘龙城国家考古遗址公园环境数据化生成多媒体视频，与地面模型配合，简要概述盘龙城遗址的位置、年代、范围、性质、重要遗址点、出土文物及其与武汉市的关系等基本信息，生动直观地展现了遗址与周边的环境状态。

发现盘龙城
Discovering Panlongcheng

　　江城与水有着不解之缘。1954年武汉洪患，无意中揭开了盘龙城青铜时代城邑文明的神秘面纱。本单元以"百年洪汛""众志成城""古邑面纱"三个主题介绍盘龙城遗址的发现背景和经过，借助多种展示方式讲述盘龙城遗址的故事，激发观众对盘龙城遗址的好奇心和探知欲。

　　1954年冬，蓝蔚先生与游绍奇先生一道，前往盘龙城遗址调查。他们从位于江汉一路的武汉市文管会出发，经岱家山，跨府河，穿过乡村的羊肠小道，最终在叶店找到了陶片遍布的盘龙城遗址。越过颠簸难行的道路，先生们踏实稳健的步伐开启了今人探索盘龙城商代文明的第一程。

▲ 第一单元"发现盘龙城"

▶ 考古学家蓝蔚先生调查盘龙城遗址日记

蓝蔚，辽宁岫岩人，武汉文物保护工作奠基人，武汉博物馆顾问、研究馆员。南下干部，考古学家。1954年冬，他与游绍奇一道到现场调查，发现了盘龙城遗址。蓝蔚在《文物参考资料》1955年第4期发表有关盘龙城遗址发现的报道，预示着盘龙城考古新纪元即将到来。

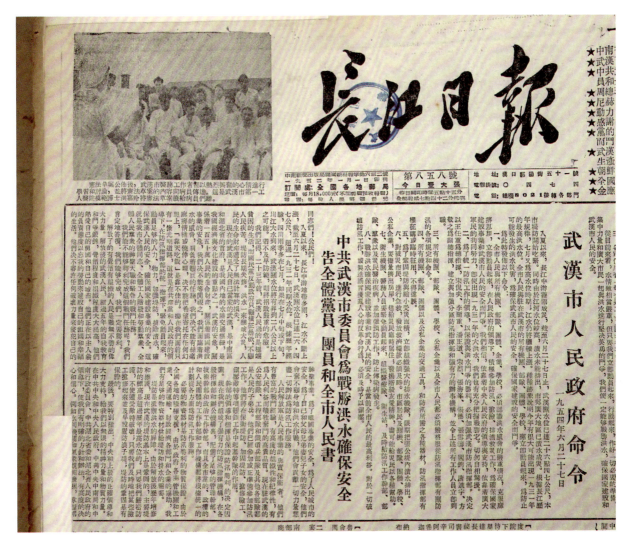

1954年总第八五八号
《长江日报》刊发抗洪通知
盘龙城遗址博物院藏

1954年武汉防汛画册
《党领导人民战胜了洪水》
1954年12月出版
盘龙城遗址博物院藏

▶ **立体膜材光栅画**

利用立体光栅画角度不同画面可变的特性，营造动态展陈效果，烘托展厅氛围，增添展览的趣味性和艺术性。

▶ **蓝蔚先生发现盘龙城的经过场景**

场景由动态路线地图、连环画背景及实物单车组成，展现蓝蔚先生发现盘龙城的经过。地图和连环画联动，当连环画中蓝蔚先生行走在某个地点，动态路线地图就停留在相应区域。自行车、饭盒、挎包、土路等实物配合连环画，亲切直观地加深观众的时代印象。蓝蔚先生骑自行车途经当年的武汉城区进入农村，不仅再现了老武汉的城市格局，还与城市地图一起暗示了当今武汉城市规模的扩大和展览对时间的收藏。

▼ 陶海寻城场景

陶器制作成本低、使用频率高且容易损坏，往往成
为遗址中出土最多的遗物。盘龙城遗址出土了大量
陶片，尽管很多无法复原成完整器物，但专家们通
过修复、统计和检测等手段，充分呈现了一个更清
晰、更立体的盘龙城。

▲ 盘龙城重要考古工作大事记

第一单元结尾处采用场景配合大事记的方式向
观众展示盘龙城遗址发现以来的考古工作及重
要发现，在拉近观众与盘龙城遗址考古距离的
同时，也为第二单元"认知盘龙城"作铺垫。

认知盘龙城
Understanding
Panlongcheng

　　盘龙城自 20 世纪 50 年代发现至今，历经 60 多个春秋。新中国成立之初，考古学家就在这片遗址上不断发掘和探索。大型的宫殿、巍峨的城墙、高等级的墓葬、精美的青铜器和玉器，陆续呈现在世人眼中。正是考古学家的辛勤工作，才使盘龙城的城邑面貌越来越清晰而丰满地呈现在大众面前。

　　1963 年，盘龙城遗址进行了首次考古发掘。清理商代墓葬 5 座，出土青铜器等一批重要文物，并测绘了首张盘龙城遗址地形图。1974、1976 年，由著名考古学家俞伟超、李伯谦、王劲主持，北京大学历史系和湖北省博物馆联合组队对盘龙城遗址进行发掘。发现两处宫殿基址及李家嘴一批重要贵族墓葬，出土大批文物，确定了盘龙城城垣修筑于商代二里岗文化时期。这些重要发现，在国内外历史、考古学界引起了强烈反响。

▶ 第二单元"认知盘龙城"

年代
years

认知盘龙城
UNDERSTANDING
PANLONGCHENG

　　盘龙城自 20 世纪 50 年代发现至今，历经 60 多个春秋。新中国第一代考古学家从建国之初，就在这片遗址上不断发掘和探索。大型的宫殿，巍峨的城墙，贵族的墓葬，精美的青铜器和玉器，陆续呈现在世人眼中。正是一代又一代考古学家的辛勤研究，才使盘龙城的城邑面貌和特征不断被大众认知。

It has been more than 60 years since Panlongcheng was discovered in the 1950s. The first generation of archaeologists in new China has been excavating and exploring the site since its founding. Large palaces, lofty walls, nobles' tombs, exquisite bronze wares and jade articles are presented in the eyes of the world. It is the painstaking research of archeologists from generation to generation that makes the urban appearance and characteristics of Panlongcheng continuously recognized by the public.

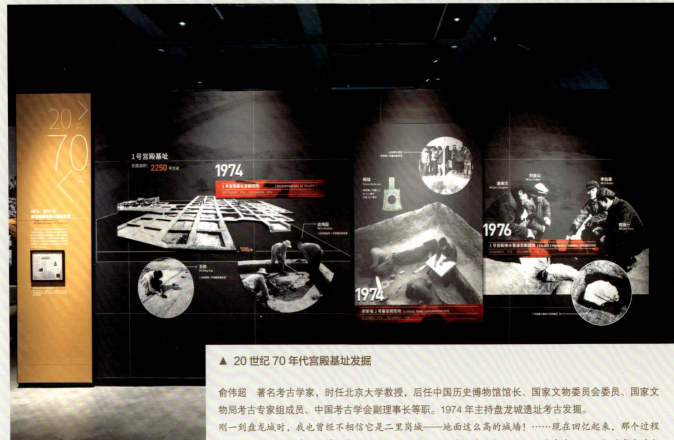

▲ 20世纪70年代宫殿基址发掘

俞伟超　著名考古学家，时任北京大学教授，后任中国历史博物馆馆长、国家文物委员会委员、国家文物局考古专家组成员、中国考古学会副理事长等职。1974年主持盘龙城遗址考古发掘。
刚一到盘龙城时，我也曾经不相信它是二里岗城——地面这么高的城墙！……现在回忆起来，那个过程真像是一首艰苦的诗。抢着十字镐对付湖北的硬红土。盘龙城发掘以后，可能在今天，人们对商代前期的认识已经彻底刷新了……

——俞伟超

李伯谦　北京大学教授，著名考古学家，"夏商周断代工程"首席科学家，"中华文明探源工程预研究"主持人之一。1976年主持盘龙城遗址考古发掘。
1976年9月，我和高崇文老师带学生来盘龙城考古实习，与湖北省博物馆的王劲同志一起主持了盘龙城第二次大规模发掘，发现了二号大型宫殿基址，解剖了南城墙。这些重要发现在由陈贤一同志主笔的《盘龙城》考古报告中已有详细的介绍。从1976年至今25年过去了，看到盘龙城遗址基本保持着原貌，不断有新发现，心里很高兴。

——李伯谦

王劲　原湖北省文物考古队队长，原湖北省博物馆副馆长、研究馆员。
过去，史学界不少人认为，商王朝的活动仅限于黄河中下游，没过黄河。新中国成立前后殷商文化遗址等的考古发现，也仅在黄河中下游的河南一带。但《商颂·殷武》："挞彼殷武，奋伐荆楚。罙入其阻，裒荆之旅。有截其所，汤孙之绪。维女荆楚，居国南乡。昔有成汤，自彼氐羌，莫敢不来享，莫敢不来王，曰商是常。"这一诗句表明，早在商代初年，荆楚和氐羌等方国部落一样，既已纳入商王朝版图。盘龙城商城的考古发现和确定，使这一诗句得到了考古学印证。

——王劲

高崇文　北京大学1974年盘龙城遗址发掘实习学生，1976年发掘带队老师，后任北京大学教授、考古文博学院院长。
（宫殿基址发掘现场）整个工地上师生们喜形于色的情景，局外人是难以想象的。接下来大家在工地上讨论了地层叠压关系、宫殿结构、器物特点及与中原商文化的比较等，利用新发现实物资料，探讨其丰富的文化内涵，同学们已经完全沉浸在学术研究的氛围之中……通过这次田野考古实习，同学们信服了，开始相信考古学，相信这看来很"土"的考古方法。

——高崇文

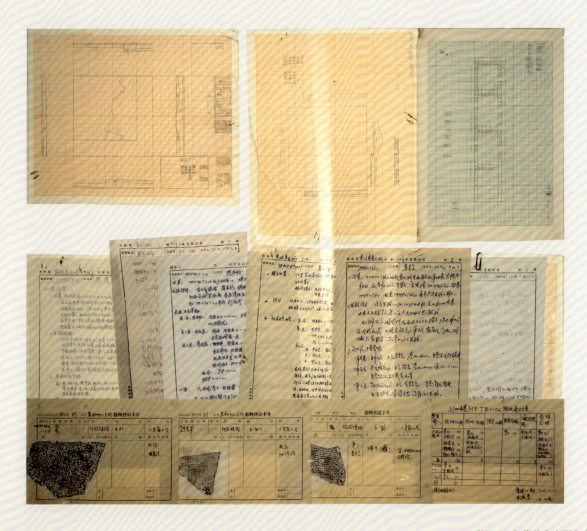

▲ 20世纪70年代北京大学考古
实习学生的发掘记录

◀ 俞伟超先生发掘日志

展览展出考古资产。盘龙城的考古
历程是中国考古学史的缩影，生动
展示俞伟超等先生的发掘日志、考
古档案、考古工具等考古资产，让
观众感受到这是一个有温度的展览。

北京大学历史系考古专业
一九七四年度秋冬季
实习工作日志

1974.8.26

三一四人参加辅导之休。

8.28日 星期三 晴
令作趋5豆动、王正凡、铜石洲四人赴黄陂盘龙城，进行黄陂的文化馆神馆处。黄化馆之盛居之同之2、5 口之地时态大潮面……记商误来此盘龙城面事。王乙盘龙汉墓地视察忘的析记。赵保成同志核武说住辅处的博物馆。
晚，道以域粒粉书之忘伍用乡末讨。

8.29. 星期四 晴
令发出改季事寄，李伯谦一信，说这几天同阅此事博的做高误的意见。
晚，王动同志、村来文化馆为发掘盘龙城逼收的公文革纲，问此有若何文麦之记节二个志，记乙至此的收文。但黄陂还要反发光的以君记载未刊能发出。

8.30. 星期五 晴
上午5黄陂蔡物文化馆通电联系，请协助的次厨房设拖及住宿的床板问运。文化馆许作多考定校试算其方忘找共使电讯告和。

8.31. 星期六 晴
令5豆动文换发掘计划的意见，但主任仗言。

9.1. 星期日 晴
令. 赵 由博物馆陈振语同志陪同，赴郢城参观。中午报郢城。宿栖水待区。下午至郢城看文化馆，见到、种诸馆长及负责文物之代、处至云同志，考观的文化馆历年收其的及宋代的铜铁，共约240面。其中，百及汉苦干已这吾小店的化学院七面，尤为东吴乙晋的沫战院，村种拉丰富。
晚，令. 赵. 陈乙三人帮助建立处文化馆诸郢代铜铁的铭文作释文。

9.2. 星期一 晴
上午. 令. 赵. 陈三人由陆至云同志陪同，调查乙郢城寸东的丰关的吴王城遗址。
下午，继续观摩铜铁。晚，三人仍等助体调铁铭文的释文。

9.3. 星期二 晴
上午. 令. 赵. 陈三人参观郢城的西山。
下午乙. 赵乙文化馆考观郢城土的丰关、两吾，南前墓的部分出土物。晚乙时，由郢城返回省住物馆。

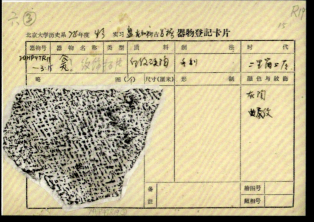

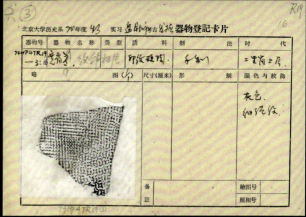

北京大学历史系 70年度 43 实习 盘龙城考古发掘 器物登记卡片

器物号	器物名称	类型	质料	制 法	时 代

北京大学历史系 70年度 43 实习 盘龙城考古发掘 器物登记卡片

器物号	器物名称	类型	质料	制 法	时 代

北京大学历史系 年度 实习 考古 器物登记卡片

器物号	器物名称	类型	质 料	制 法	时 代

器物登记卡片
盘龙城遗址博物院藏

七四年春 HP.TR20.06. 陶片统计表

陶片统计表
盘龙城遗址博物院藏

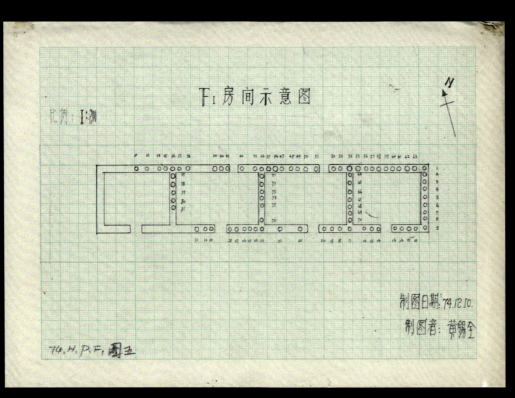

F1 房间示意图（黄锡全绘制）

盘龙城遗址博物院藏

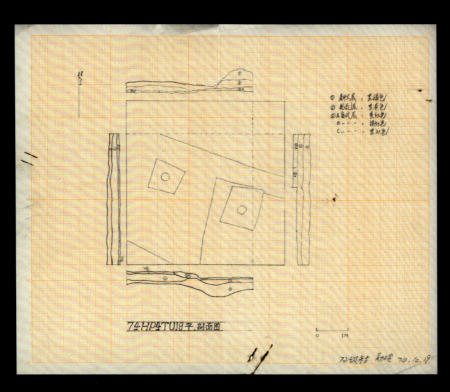

74HP4TU19 平、剖面图（吴加安绘制）

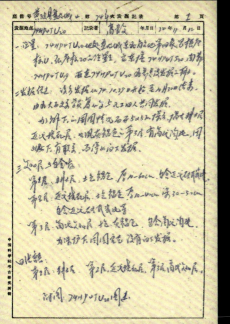

74HP4TU20 发掘记录（高崇文记录）

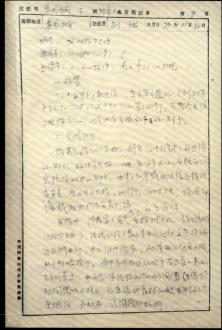

74HP4TS19 发掘记录（刘绪记录）

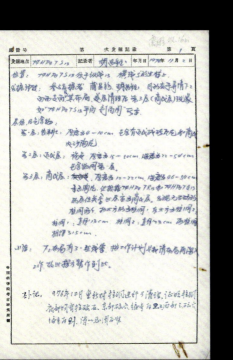

74HP4TS13 发掘记录（胡昌钰记录）

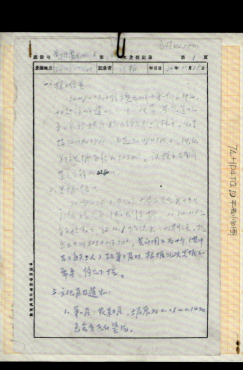

74HP4TQ19 发掘记录（张柏记录）

盘龙城商代遗址发掘日志

盘龙城发掘队
1974.9.2日——

记录者：俞伟超

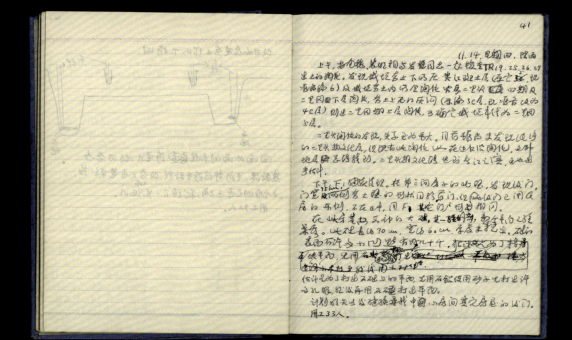

41

11.14. 星期四. 阴雨

上午，老俞祝、苏明祝与发掘同志一起核查TR19.25.36.27出土的陶片。发现城垣为土下两层夯土层（生土上约缺省6）及城垣夯土内所含陶化实层二里头□□ 四期及二里冈以下层陶化，乃土上无陶片扰□（本编3c层）及坑坑以内4c层）则此二里冈都土层陶化，可确定城垣年代为二里冈上层。

二里冈陶化的分歧，关系也比较大。可看现南北发现（现与北二里头文化层，假设有此陶化 山 花生长陶化）之于地层与之间发现的二里冈都文化层也的左山之间，也比□手相冲。

下午止工，苏明记记。找第三间房子的北侧，发现位门，门宽两间夯土堤的剖状同均房门，位□位的已间α房的东坦，在在α柱，同在其它的房间都相同。

在此下着工，工都位的土坑，也一短的□，都全平均的之径案有。此坑深约70cm，宽约6.0cm，厚度主要些业。此山表面有许多小凹□□有的半十 。此□大为打磨石碌之用，先用石□□□□□□□□砂子□□□，□□□□□十□□□□□用之打磨。

估计名为打磨之础上的平面，先用石砾使用砂子也打许多凹眼，然后再用之重打出平面。

计划明天去北坡碴查找中间小房间处之房屋的位门。
用工33人。

盘龙城老相片

盘龙城遗址博物院藏

89HP杨家湾M11
照片

89HP杨家湾遗迹
M11 发掘记录
〈日记〉

　　20 世纪 80 年代，考古工作者发掘了杨家嘴灰烬沟、王家嘴窑址、杨家湾 1 号灰烬沟、杨家湾 11 号墓等多处遗迹，为研究商代盘龙城的手工业、习俗等提供了丰富的资料。考古工作者在盘龙城遗址充分运用当时仅有的传统考古工具开展工作，为我们缓缓揭开遗址的神秘面纱。透过张张斑驳的黑白照片，考古工作者调查、发掘的身影浮现在眼前，遗迹的原貌得以留存；研读细致详尽的考古记录，昔日遗址的考古细节跃然纸上，遗址的文化内涵愈加明晰。工地账本、出勤表等实物资料亦是当时考古工作的缩影。

▲ 台面柜展示

通过展板介绍盘龙城遗址的重要发掘情况，采用可阅读的即时性文字加深观众对考古这一学科的认识。抽屉样展柜设置，烘托学术气氛；探方式顶部设计，融入考古元素。

▲ 考古工作者生活艺术场景

20 世纪 70 — 80 年代，盘龙城遗址的考古发掘如同一首艰苦的诗，砖砌的板床、老旧的桌椅、简易的绘图工具、生锈的单车……生活的居所亦是工作的场所。老一辈的考古学家正是在这样简陋的条件下，完成了宫殿、城垣、贵族墓葬等重大考古发现的资料整理和研究工作，刷新了人们对中华文明体系的认知，证明了长江与黄河同是中华文明的摇篮。场景利用盘龙城遗址考古工作站第一任站长陈贤一先生保存至今的老物件，复原展示 20 世纪 70 — 80 年代考古工作者的生活环境。

▼ 三维打印考古工作场景模型

采用清晰直观的三维打印技术，分别复原了 20 世纪 80 年代和现代考古工作者在探方内的工作场景。20 世纪 80 年代，考古工作者使用的工具还比较简单，主要有手铲、皮尺、罗盘、记录本等。现代考古工作中使用实时动态测量技术，可精确测量遗址地形地貌。

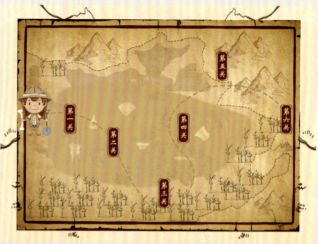

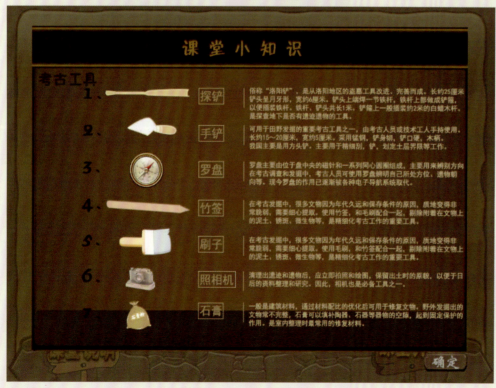

"考古课堂"互动游戏

开发小游戏"考古课堂"，按照考古工作的顺序设置关卡，配合展板描述和实物展示，让考古工作流程更为生动。

考古活动主要包括调查勘探、考古发掘、修复整理三个阶段。随着科学技术的发展、多学科合作研究的普及，新的技术、理念不断运用，盘龙城考古工作效率、学术研究深度都有了明显发展。21世纪盘龙城遗址考古收获颇丰，杨家湾大型建筑基址与墓葬、疑似"外城垣"遗迹、杨家嘴墓葬区、小王家嘴墓葬区、小嘴青铜作坊区等相继发现，进一步刷新了人们对遗址的认识。

洪水中发现的盘龙城遗址在一代代考古人的努力下，谜团逐渐解开。将盘龙城考古历程作为中国考古学发展的缩影展示在观众面前，既呈现了遗址博物馆展览的特色，又展现了考古学的学科魅力。

▶ 现代科技在考古学中的应用展板

▼ 第二单元"认知盘龙城"全景

寻根大武汉
Searching for the Great Wuhan

盘龙城以高度发达的青铜文明著于史册，流芳后世，是武汉城市文明的源头。展览立足专业，展出特色，从人地变迁、物质文明传承的角度，以盘龙城遗址——武汉城市之根为线索，带领观众开启大武汉寻根之旅。

单元开篇采用地面大型多媒体，表现盘龙城及周边区域的城市变化过程，按新石器时代、夏商时期、西周时期、秦汉时期、宋元时期、明清时期几个阶段进行讲述。利用古今武汉和盘龙城的城市、遗址航拍视频和图片，为观众理清盘龙城的地理格局变迁过程。

第三单元
"寻根大武汉"

《盘龙城的地理格局变迁》
地面多媒体展示

《盘龙城的地理格局变迁》
地面多媒体视频

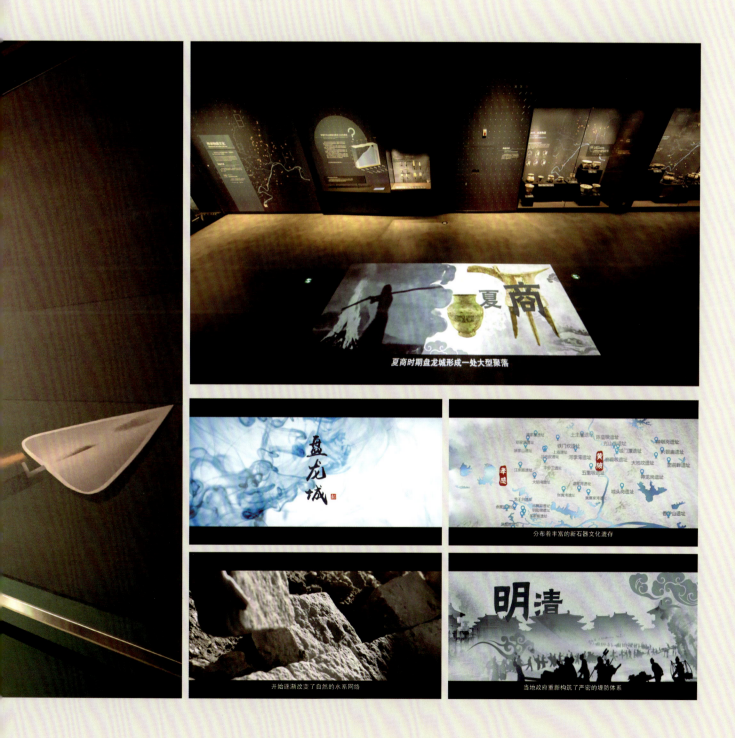

夏商时期盘龙城形成一处大型聚落

分布着丰富的新石器文化遗存

开始逐渐改变了自然的水系网络

当地政府重新构筑了严密的堤防体系

武汉别名"江城",一方水土养一方人。展览在展示新石器时代至商代石器的同时,借助台面说明和图表展示考古遗存反映的长江中游古代水文,进一步阐释新石器时代至商周时期武汉地区的自然环境,不仅可以让观众在展览中获取更多的背景信息,也为后续展览的推进奠定了基础。

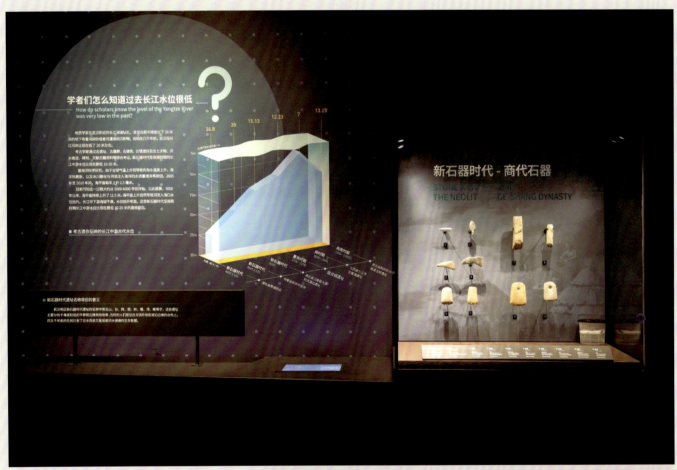

▲ 物质文化传承——石器

商代盘龙城虽已进入青铜时代,但石器仍是人们生产生活的重要工具。承袭新石器时代晚期而来的琢玉磨石工艺,对后世琢玉工艺发展有一定影响。

▶ 武汉地区新石器时代陶器

将环境元素融入展柜,用多彩的画面扩展视窗,使展览灵动,富有趣味。

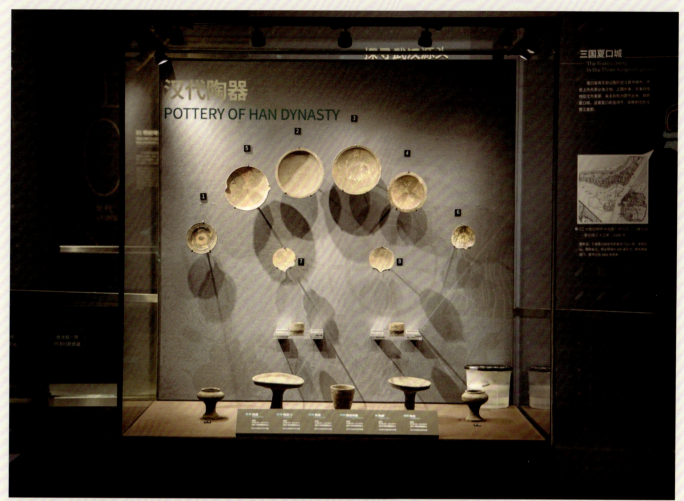

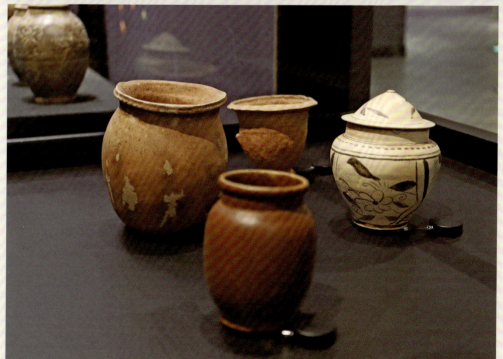

▲ 汉代陶器展柜

文物陈列不拘泥于器物排队，运用组套式对称展示，强化记忆；错落有致的展具与展柜，缓解了视觉疲劳，深化美感。

◀ 三维打印文物模型

按 1∶1 的比例三维打印模型，真实复原陶器，可拿起仔细观察，充分满足观众的好奇心。

▲ **青铜传承**

盘龙城遗址是长江流域早期青铜文明中心，本地青铜铸造技术相当成熟，引领了时代潮流。背景板展示该时期武汉地区的遗址分布图，使信息更丰富、直观。

▲　商周时期青铜兵器

从商代盘龙城到武汉地区东周楚文化，墓葬中常见较多兵器随葬，这是本地区尚武传统的反映。展柜运用相似内容和色调，和谐统一。

石镞
Stone Arrowhead

残长 7.2、宽 1.8 厘米
石家河文化（约公元前 2600—前 2000 年）
1965 年武昌放鹰台出土
盘龙城遗址博物院藏

石镞
Stone Arrowhead

长 7、宽 3.2 厘米
夏代（公元前 2070—前 1600 年）
1983 年盘龙城王家嘴 85 探方第 8 层出土
盘龙城遗址博物院藏

石镰
Stone Sickle

残长 10.5、宽 4.6 厘米
石家河文化（约公元前 2600—前 2000 年）
1965 年武昌放鹰台出土
盘龙城遗址博物院藏

石镰
Stone Sickle

残长 11.9、宽 5.5 厘米
商代（公元前 1600—前 1046 年）
1989 年盘龙城王家嘴采集
盘龙城遗址博物院藏

石斧
Stone Axe

长 6.5、刃宽 4 厘米
屈家岭文化（约公元前 3000—前 2600 年）
1965 年武昌放鹰台出土
盘龙城遗址博物院藏

石斧
Stone Axe

长 9.2、刃宽 5.3 厘米
商代（公元前 1600—前 1046 年）
1989 年盘龙城采集
盘龙城遗址博物院藏

陶豆
Pottery *Dou*

口径 13、通高 18 厘米
屈家岭文化（约公元前 3000—前 2600 年）
1989 年新洲香炉山出土
武汉市文物考古研究所藏

武汉市文物考古研究所藏

陶鼎
Pottery *Ding*

口径 11、通高 8.5 厘米
屈家岭文化（约公元前 3000—前 2600 年）
1989 年新洲香炉山出土
武汉市文物考古研究所藏

陶壶
Pottery Pot

口径 4.8、通高 6 厘米
屈家岭文化（约公元前 3000—前 2600 年）
1989 年新洲香炉山出土
武汉市文物考古研究所藏

陶豆
Pottery *Dou*

口径 16.7、通高 17 厘米
夏商之际（公元前 1600 年左右）
1983 年盘龙城王家嘴 67 探方第 7 层出土
盘龙城遗址博物院藏

陶鬲
Pottery *Li*

口径 15.5、通高 14 厘米
商代（公元前 1600—前 1046 年）
1985 年盘龙城李家嘴 10 号灰坑出土
盘龙城遗址博物院藏

硬陶罐
Hard Pottery Jar

口径 19.3、通高 24.5 厘米
商代（公元前 1600—前 1046 年）
2013 年盘龙城杨家湾 1015 探方第 6 层出土
盘龙城遗址博物院藏

陶鬲
Pottery *Li*

口径 13、通高 13 厘米
西周（公元前 1046—前 771 年）
2005 年黄陂磨元城采集
武汉市文物考古研究所藏

陶罐

Pottery Jar

口径 14、通高 21.7 厘米
东周（公元前 770—前 221 年）
1977 年黄陂鲁台山出土
武汉市黄陂区文物管理所藏

釉陶缶

Glazed Pottery *Fou*

口径 8.8、通高 28.5 厘米
汉代（公元前 206—公元 220 年）
1997 年新洲技校出土
武汉市文物考古研究所藏

陶豆
Pottery *Dou*

口径 14.3、通高 12 厘米
汉代（公元前 206—公元 220 年）
1997 年新洲技校出土
武汉市文物考古研究所藏

瓷壶
Porcelain Pot

口径 6、通高 18.4 厘米
宋代（公元 960—1279 年）
2008 年盘龙城殷家河湾 1 号墓出土
盘龙城遗址博物院藏

瓷罐
Porcelain Jar

口径 8、通高 13.5 厘米
元代（公元 1271—1368 年）
2008 年盘龙城珩生工地 1 号墓出土
盘龙城遗址博物院藏

瓷罐
Porcelain Jar

口径 9、通高 21 厘米
明代（公元 1368—1644 年）
2016 年盘龙城大邓湾 4 号墓出土
盘龙城遗址博物院藏

铜鼎
Bronze *Ding*

口径 15、通高 19 厘米
商代（公元前 1600—前 1046 年）
2015 年盘龙城小王家嘴 26 号墓出土
盘龙城遗址博物院藏

铜爵
Bronze *Jue*

流尾长 17、通高 17.5 厘米
商代（公元前 1600—前 1046 年）
2015 年盘龙城小王家嘴 1 号墓出土
盘龙城遗址博物院藏

铜鼎
Bronze *Ding*

口径 16、通高 19.3 厘米
西周（公元前 1046—前 771 年）
1977 年黄陂鲁台山出土
武汉市黄陂区文物管理所藏

铜爵
Bronze *Jue*

流尾长 17.6、通高 24 厘米
西周（公元前 1046—前 771 年）
20 世纪 70 年代黄陂鲁台山采集
武汉市黄陂区文物管理所藏

铜刀
Bronze Blade

长 33.5、宽 3.2 厘米
商代（公元前 1600—前 1046 年）
1981 年盘龙城杨家湾 7 号墓出土
湖北省博物馆藏

铜剑
Bronze Sword

长 41.7、宽 4.2 厘米
东周（公元前 770—前 221 年）
1977 年黄陂鲁台山出土
武汉市黄陂区文物管理所藏

铜戈
Bronze Dagger-axe

长 25.3、宽 7 厘米
商代（公元前 1600—前 1046 年）
20 世纪 90 年代盘龙城杨家湾采集
盘龙城遗址博物院藏

铜戈
Bronze Dagger-axe

残长 16、宽 10 厘米
东周（公元前 770—前 221 年）
21 世纪初黄陂采集
盘龙城遗址博物院藏

　　结合展览内容，采用多媒体展示武汉自然环境变迁。利用不同年代的地理环境图像，阐释自商代到现代武汉市水域网络的变化及变化形成的原因，以及其对当代武汉城市格局的影响。

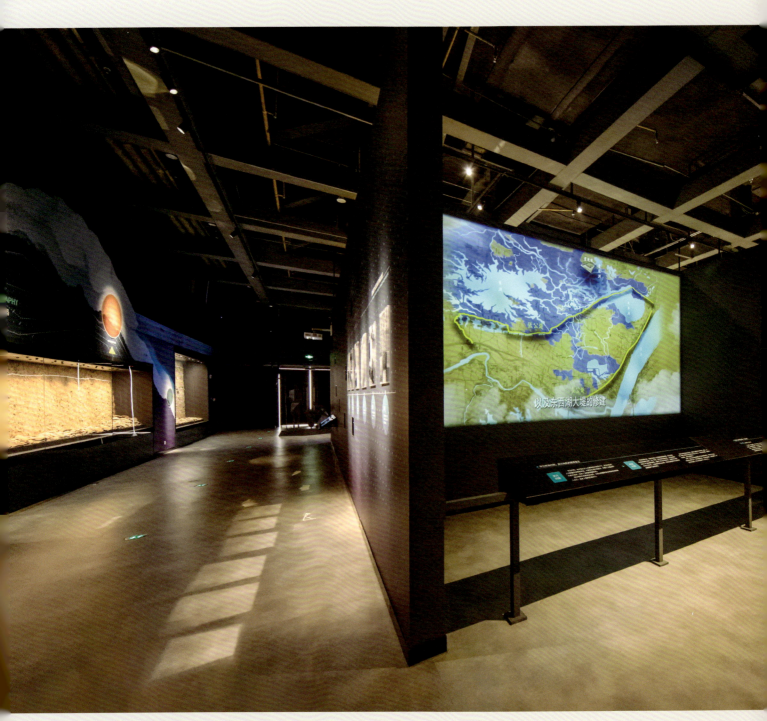

▲ 《武汉市水域网络的变迁》多媒体展示

多呈低丘与湖泊相间之势

使这片区域的湖泊沼泽面积缩小

构成了现代武汉市的基本格局

重现繁荣

▲ 《武汉市水域网络的变迁》多媒体视频

2017 年从盘龙城遗址杨家湾岗地探沟中揭取地层剖面。整个地层剖面宽 7、厚 1.6 米，从下至上有两大层堆积，分别是青黄色的古代湖相堆积和灰褐色的现代耕土堆积。这种特别的地层现象说明，盘龙城先民在后期迁居至地势较高的杨家湾时，为满足用水需求，曾将山下湖泊淤泥运到山上涵养水源。

2017 年从盘龙城宫城西城门外破口湖底的探沟中揭取地层剖面。整个地层剖面宽 4.6、厚 2.2 米，从下至上有三大层堆积，分别是红色生土堆积、灰褐色商代

▲ 剖面解读：盘龙城遗址
　杨家湾岗地探沟剖面

▼ 剖面解读：盘龙城遗址
　破口湖探沟剖面

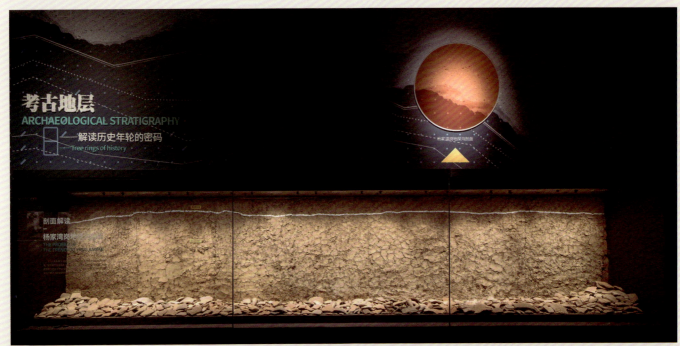

文化层和青灰色明代至现代湖泊淤积层。研究发现，商代盘龙城水位比现在低约8米，如今盘龙城的水域面积比商代大得多。

夏商时期，盘龙城先民曾有过大规模的土地改造活动，形成了独特的地貌景观。盘龙城商城存世约三四百年后衰落荒废，随着武汉地区水位的不断上升，这里逐渐被湖泊覆盖，沉寂于水下。通过考古发掘和水下探测，才让古今盘龙城的地理面貌演变为人所知。

▲ 《地层故事——湖底曾经的人与山顶曾经的湖》动画视频
▼ 第一展厅"浪淘千古"结尾

发现了两处有趣的地层堆积

武汉地区水位较3500年前至少抬高了8米

因此在岗地的适当场所修建湖塘

第二展厅
故邑风物

The Ancient Settlement and the Great Antiquity

盘龙城文化什么时候出现,什么时候消失?

它发展的基本过程怎样,主要内涵是什么?

它在物质文化与精神文化上达到了怎样的高度?

第二展厅以"城邑演变""城邑生活""城邑生产""城邑建筑"为切入点,用可视化形式展现了对盘龙城遗址种种问题的系统性探索。

▲ 第二展厅"故邑风物"

城邑演变
（约公元前17—前13世纪）

From Settlement to City
(17th-13th Century BC)

约公元前17世纪，盘龙城出现先民聚落。公元前16世纪，商人势力进入江汉地区，催生了盘龙城约300年的繁荣与发展，创造出比肩中原的青铜文明，盘龙城成为当时长江流域最重要的城邑。

盘龙城经历了小规模聚落兴起期，修筑城垣、宫殿及大量制作青铜器的繁盛期，后期随着人口增加，居民区范围进一步扩大。中心区域相应经历了从王家嘴到宫城区再到杨家湾的变化。

兴起阶段　约公元前17世纪的夏代晚期，盘龙城第一批先民在王家嘴定居。他们在这里开荒拓土、繁衍生息，聚落范围不断扩大。至公元前16世纪的夏商之际，已形成以王家嘴、李家嘴、杨家嘴、杨家湾为边线的聚落范围，规模相当可观。

盘龙城兴起阶段的墓葬发现较少，多为平民墓，以杨家嘴6号墓为代表，随葬器物多为陶器，主要有陶鬲、豆、罐。杨家湾6号墓出土有铜礼器、玉礼器，可能是目前已知盘龙城最早的贵族墓葬。在兴起阶段，盘龙城遗址的陶器与石器，尽管受到长江中游地区新石器时代晚期石家河文化的影响，具有明显的时代特色，但原始瓷和印纹硬陶的出现，预示着一个新时代即将到来。

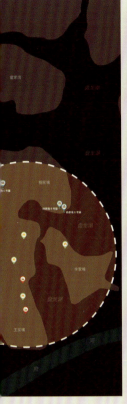

▲ 聚落初兴、城邑繁盛、持续发展
三阶段文化分布范围

◀ 杨家嘴 6 号墓展柜

杨家嘴 6 号墓位于杨家嘴遗址东部，随葬陶器 12 件，计有浅盘细柄豆、折沿平裆鬲、菌形纽器盖和圆肩弧腹罐等。墓底及随葬器物上撒有朱砂。该墓反映了盘龙城兴起时期最早阶段的文化面貌。

▶ 杨家湾 6 号墓展柜

杨家湾 6 号墓是目前发现的盘龙城兴起阶段唯一随葬青铜礼器和玉器的贵族墓，标志着盘龙城的青铜时代已经悄然而至。

杨家湾 6 号墓青铜礼器组合

铜爵
Bronze *Jue*

流尾长 14、通高 13.7 厘米
夏商之际（公元前 1600 年左右）
1981 年盘龙城杨家湾 6 号墓出土
湖北省博物馆藏

铜鬲
Bronze *Li*

口径 15.5、通高 20 厘米
夏商之际（公元前 1600 年左右）
1981 年盘龙城杨家湾 6 号墓出土
湖北省博物馆藏

铜斝
Bronze *Jia*

口径 14.2、通高 23.8 厘米
夏商之际（公元前 1600 年左右）
1981 年盘龙城杨家湾 6 号墓出土
湖北省博物馆藏

玉戈
Jade Dagger-axe

残长 30.8、宽 7.7 厘米
夏商之际（公元前 1600 年左右）
1981 年盘龙城杨家湾 6 号墓出土
湖北省博物馆藏

 兴起阶段陶器与石器通柜

陶鼎
Pottery *Ding*

口径 18.8、通高 18 厘米
夏代（公元前 2070—前 1600 年）
1979 年盘龙城王家嘴 36 探方第 8 层出土
盘龙城遗址博物院藏

陶盆
Pottery Basin

口径 19.6、通高 16 厘米
夏代（公元前 2070—前 1600 年）
1979 年盘龙城王家嘴 17 探方第 8 层出土
盘龙城遗址博物院藏

陶爵
Pottery *Jue*

流尾长 12、通高 12.4 厘米
夏商之际（公元前 1600 年左右）
20 世纪 80 年代盘龙城王家嘴采集
盘龙城遗址博物院藏

硬陶尊
Hard Pottery *Zun*

口径 11.4、通高 15.7 厘米
夏代（公元前 2070—前 1600 年）
1979 年盘龙城王家嘴 9 探方第 8 层出土
盘龙城遗址博物院藏

繁盛阶段 公元前 16 世纪，商王成汤南征江汉，盘龙城被纳入商王朝势力范围。盘龙城先民在王家嘴北部区域修筑了城垣与宫殿。随着经济发展，人口迅速增长，城邑不断扩大。公元前 14 世纪，城邑范围已从杨家湾向外扩展到艾家嘴、江家湾一带。繁盛阶段的盘龙城，已有相当数量不同规模的房址和墓葬，显现出复杂的社会层级。城址、大型宫殿建筑、李家嘴高等级墓葬和大量高品质随葬器物，折射出盘龙城作为南方政治、军事中心城邑的地位，以及对资源和社会财富的高度管控能力。

▶ **繁盛阶段城墙剖面复原**

展览充分利用展厅空间优势，注重氛围营造，增强展项与展厅的联动，制造沉浸式大场景。第二展厅以宫殿模型为中心，模拟城墙剖面，把整个展厅筑造成宫城，营造宫城的氛围。

▼ **繁盛阶段青铜器全息投影**

选取盘龙城遗址博物院、湖北省博物馆收藏的提梁壶、兽面纹尊、兽面纹钺等共计 14 件青铜器制作三维全息投影，这些铜器纹饰精美、特征明显，每件器物立体顺时针旋转计 30 秒，让观众能够近距离观看文物的细部特征。

▲ 繁盛阶段生产工具台面柜

▼ 繁盛阶段青铜礼器台面柜

▶ **滚筒物理互动装置**

盘龙城繁盛阶段的青铜器多装饰有精美的纹饰，通过设置滚筒，让观众动手拼合拓片，细读纹饰，感受青铜器之美。

▼ **繁盛阶段器物台面柜**

▲ 繁盛阶段陶器场景柜

陶斝

Pottery *Jia*

口径 15.4、通高 18.4 厘米
商代（公元前 1600—前 1046 年）
1985 年盘龙城李家嘴 4 号灰坑出土
盘龙城遗址博物院藏

陶鬲

Pottery *Li*

口径 27.6、通高 32.4 厘米
商代（公元前 1600—前 1046 年）
1983 年盘龙城王家嘴 85 探方第 6 层出土
盘龙城遗址博物院藏

陶器盖
Pottery Lid

口径 16、通高 10 厘米
商代（公元前 1600—前 1046 年）
1985 年盘龙城李家嘴 1 号灰坑出土
盘龙城遗址博物院藏

陶大口尊
Pottery Large-mouthed *Zun*

口径 36、通高 41 厘米
商代（公元前 1600—前 1046 年）
2014 年盘龙城杨家湾 1013 探方第 5 层出土
盘龙城遗址博物院藏

硬陶尊

Hard Pottery *Zun*

肩径 20、残高 28 厘米

商代（公元前 1600—前 1046 年）

1981 年盘龙城杨家嘴 1 号灰坑出土

盘龙城遗址博物院藏

硬陶瓮

Hard Pottery Urn

口径 24.4、通高 35.4 厘米

商代（公元前 1600—前 1046 年）

1981 年盘龙城杨家嘴 9 探方第 5 层出土

盘龙城遗址博物院藏

杨家嘴 1 号墓青铜礼器组合

铜斝
Bronze *Jia*

口径 15.8、通高 21.3 厘米
商代（公元前 1600—前 1046 年）
1983 年盘龙城杨家嘴 1 号墓出土
湖北省博物馆藏

铜斝
Bronze *Jia*

口径 22.4、通高 34.4 厘米
商代（公元前 1600—前 1046 年）
1983 年盘龙城杨家嘴 1 号墓出土
湖北省博物馆藏

硬陶尊
Hard Pottery *Zun*

口径 21.2、通高 24.8 厘米
商代（公元前 1600—前 1046 年）
1983 年盘龙城杨家嘴 1 号墓出土
盘龙城遗址博物院藏

铜爵
Bronze *Jue*

流尾长 16、通高 18.8 厘米
商代（公元前 1600—前 1046 年）
1983 年盘龙城杨家嘴 1 号墓出土
湖北省博物馆藏

铜爵
Bronze *Jue*

流尾长 15.6、通高 18.3 厘米
商代（公元前 1600—前 1046 年）
1974 年盘龙城李家嘴 1 号墓出土
湖北省博物馆藏

铜斝
Bronze *Jia*

口径 16、通高 24.3 厘米
商代（公元前 1600—前 1046 年）
1974 年盘龙城李家嘴 1 号墓出土
湖北省博物馆藏

铜觚
Bronze *Gu*

口径 13、通高 16.4 厘米
商代（公元前 1600—前 1046 年）
1974 年盘龙城李家嘴 2 号墓出土
湖北省博物馆藏

铜斝
Bronze *Jia*

口径 14.8、通高 24 厘米
商代（公元前 1600—前 1046 年）
1974 年盘龙城李家嘴 2 号墓出土
湖北省博物馆藏

铜斝

Bronze Jia

口径 15.5、通高 22 厘米

商代（公元前 1600—前 1046 年）

1974 年盘龙城李家嘴 3 号墓出土

湖北省博物馆藏

铜刀

Bronze Blade

长 40.2、宽 3.2 厘米

商代（公元前 1600—前 1046 年）

1974 年盘龙城李家嘴 2 号墓出土

湖北省博物馆藏

铜戈

Bronze Dagger-axe

长 27、宽 5 厘米

商代（公元前 1600—前 1046 年）

1974 年盘龙城李家嘴 2 号墓出土

湖北省博物馆藏

铜矛

Bronze Spear

长 22.5、宽 4.5 厘米

商代（公元前 1600—前 1046 年）

1974 年盘龙城李家嘴 2 号墓出土

湖北省博物馆藏

铜戈
Bronze Dagger-axe

长 26.5、宽 5.2 厘米
商代（公元前 1600—前 1046 年）
20 世纪 70 年代盘龙城李家嘴采集
湖北省博物馆藏

铜镦
Bronze *Dui*

残长 5、直径 3.2 厘米
商代（公元前 1600—前 1046 年）
1974 年盘龙城李家嘴 2 号墓出土
湖北省博物馆藏

铜泡
Bronze Bubble

直径 10 厘米
商代（公元前 1600—前 1046 年）
1974 年盘龙城李家嘴 2 号墓出土
湖北省博物馆藏

铜锛

Bronze Adze

长 18.2、刃宽 3.5 厘米

商代（公元前 1600—前 1046 年）

1974 年盘龙城李家嘴 2 号墓出土

湖北省博物馆藏

铜锛

Bronze Adze

长 15.2、刃宽 4.4 厘米

商代（公元前 1600—前 1046 年）

1974 年盘龙城李家嘴 2 号墓出土

盘龙城遗址博物院藏

玉戈
Jade Dagger-axe

残长 29.6、宽 6.4 厘米
商代（公元前 1600—前 1046 年）
1974 年盘龙城李家嘴 2 号墓出土
湖北省博物馆藏

玉璜
Semi-annular Jade Pendant

长 5.1、宽 1.6 厘米
商代（公元前 1600—前 1046 年）
1974 年盘龙城李家嘴 4 号墓出土
湖北省博物馆藏

玉饰
Jade Ornament

残长 3.5、上宽 2.6 厘米
商代（公元前 1600—前 1046 年）
1974 年盘龙城李家嘴 4 号墓出土
盘龙城遗址博物院藏

▲ **1号宫殿模型**

结合最新考古研究成果,按四分之一比例复原盘龙城遗址1号宫殿,采用半解剖方式解析宫殿建造流程。可清晰看到,盘龙城1号宫殿建筑在夯土台之上,面阔四间,前开四门,后开两门,四面屋顶,双层屋檐,还有八扇窗户,周围是44根大檐柱。宫殿模型内放置人物剪影,贵族的生活场景跃然眼中。

◀ **商代盘龙城繁盛景象虚拟现实技术体验**

还原宫城区的地理环境、建筑风格、社会风俗和人物形象,观众戴上虚拟现实头戴式显示设备,站于宫殿模型前,以第一人称视角观赏商代盘龙城居民生活的三维复原场景,深度了解、"亲临感受"3500年前的盘龙城。

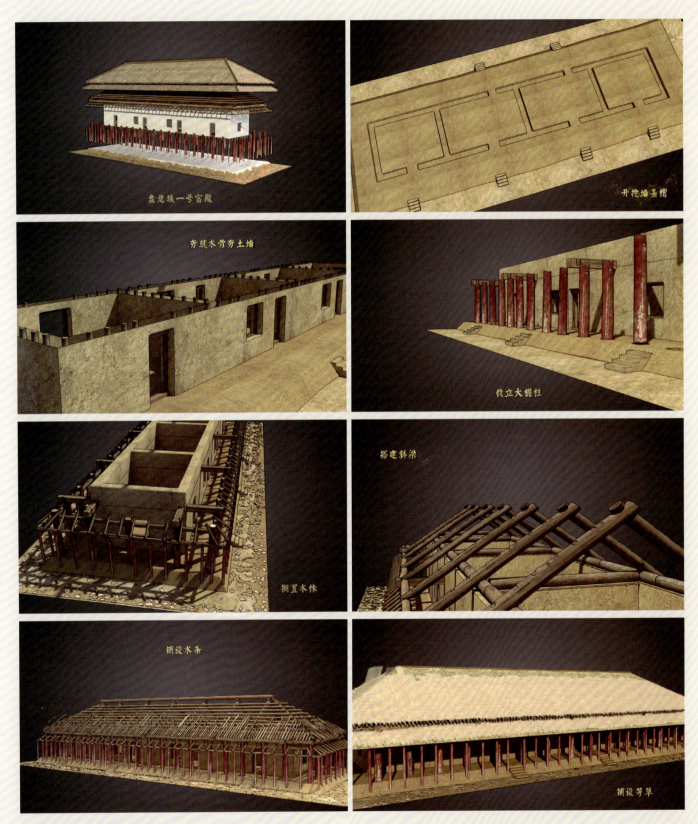

▲ 1号宫殿建筑复原动画视频

以现有的考古资料为蓝本，结合其他相关考古发现和专家意见，介绍1号宫殿建筑复原的过程，还原1号宫殿原貌，让观众领略商代盘龙城最高等级建筑的巍峨壮观。

持续发展阶段　约公元前14—前13世纪，盘龙城进入持续发展阶段，人口增多。文化分布范围进一步扩大，东部扩展到今盘龙湖东岸的小杨家嘴，北部扩展到童家嘴、小王家湾，西部扩展到甲宝山东麓。随着城邑范围扩大，中心区域从宫城区移到了杨家湾岗地上，并在此修筑了新的宫殿。

▶ **宫殿模型与景观视窗**

展厅内巧妙安排景观视窗，宫殿模型与大型景观视窗相映，室内外观赏体验空间相互穿插、渗透、融合，浑然一体，让观众产生独特的文化和观景体验。

▼ **杨家湾 17 号墓台面柜**

杨家湾 17 号墓是盘龙城持续发展阶段具有本地文化特色的高等级贵族墓葬，出土有青铜器、玉石器、陶器等精美器物，其中铜带鋬觚形器、铜兽面纹牌形器、绿松石镶金饰件等器物，为盘龙城遗址首次发现。展览利用一组台面柜，将重点展示与组合陈列巧妙结合，充分烘托出杨家湾 17 号墓的"个性"。

▲　绿松石镶金饰件

盘龙城商代墓葬存在碎器葬习俗，在杨家湾 17 号墓中发现了 9 处绿松石镶金饰件的残件。研究人员综合利用多学科技术手段，多方位采集文物面貌进行了复原尝试。

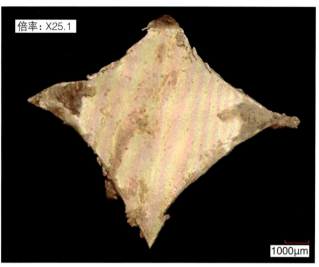

倍率：X25.1

1000μm

室内整理后样貌　　　　　　　　　　　　　　超景深显微镜下的眉间饰

绿松石镶金饰件复原模型

绿松石镶金饰件
Golden Ornament with Inlaid Turquoise

商代（公元前 1600—前 1046 年）
2014 年盘龙城杨家湾 17 号墓出土
盘龙城遗址博物院藏

器身主体以绿松石片镶嵌贴塑，眉毛、眼睛、牙齿、额饰、眉间饰由
金箔装饰而成。绿色的玉石和金色的黄金相互映衬，视觉效果十分突出。
这是盘龙城首次发现的金玉镶嵌饰品，对于研究我国早期金器和金玉
镶嵌工艺具有重要意义。

2019 年南方科技大学文化遗产实验室将绿松石镶金饰件复原为一首双
身的浮雕龙形饰，头部宽 13、体长 32 厘米。饰件以大漆为黏合剂，
胶结在木材或皮革等有机质之上。这是目前发现年代最早的独体一首
双身龙形器，是商代先民精神信仰的重要物证。

铜牌形器
Bronze Ornament

残长 33.5、残宽 17.5 厘米
商代（公元前 1600—前 1046 年）
2014 年盘龙城杨家湾 17 号墓出土
盘龙城遗址博物院藏

器物残缺严重，上部边缘有一不规整的弧边，可知不是容器。表面装饰的兽面纹仅剩躯体部位，形象突出，线条流畅，边缘锐利，生动而不失威严。

铜带鋬觚形器
Bronze *Gu*-shaped Ware with Handle

长径 14、通高 18.5 厘米
商代（公元前 1600—前 1046 年）
2014 年盘龙城杨家湾 17 号墓出土
盘龙城遗址博物院藏

造型独特，为过去所未见。器身内部为扁圆形空体，可装约 440 毫升的酒水。整体造型兼具了觚、斝、角等青铜酒器的部分特征，左右对称，富有美感，体现了商代先民独特的艺术构思和审美特征。考古工作者根据 17 号墓葬中与其一同出土的铜斝、爵来判断，这件青铜器应该是铜觚的替代品，故暂时定名为铜带鋬觚形器。

铜爵
Bronze *Jue*

流尾长 19.5、通高 17.7 厘米
商代（公元前 1600—前 1046 年）
2014 年盘龙城杨家湾 17 号墓出土
盘龙城遗址博物院藏

铜斝
Bronze *Jia*

口径 17.2、通高 24.5 厘米
商代（公元前 1600—前 1046 年）
2014 年盘龙城杨家湾 17 号墓出土
盘龙城遗址博物院藏

铜戈
Bronze Dagger-axe

长 23.5、宽 6.5 厘米
商代（公元前 1600—前 1046 年）
2014 年盘龙城杨家湾 17 号墓出土
盘龙城遗址博物院藏

玉戚
Jade *Qi*

长 5.5、刃宽 5 厘米
商代（公元前 1600—前 1046 年）
2014 年盘龙城杨家湾 17 号墓出土
盘龙城遗址博物院藏

玉管
Jade Tube

直径 3～4、高 7.3 厘米
商代（公元前 1600—前 1046 年）
2014 年盘龙城杨家湾 17 号墓出土
盘龙城遗址博物院藏

玉柄形器
Jade Handle

长 8.5、宽 2 厘米
商代（公元前 1600—前 1046 年）
2014 年盘龙城杨家湾 17 号墓出土
盘龙城遗址博物院藏

玉柄形器
Jade Handle

长 13.8、宽 1.7 厘米
商代（公元前 1600—前 1046 年）
2014 年盘龙城杨家湾 17 号墓出土
盘龙城遗址博物院藏

铜鼎残片
A Piece of Bronze *Ding*

残高 17 厘米
商代（公元前 1600—前 1046 年）
2001 年盘龙城杨家湾 13 号墓出土
盘龙城遗址博物院藏

杨家湾 13 号墓发现于 20 世纪 70 年代，历经
2001 和 2006 年两次发掘。经确认，三次出土
器物属于同一座墓葬。

铜觚
Bronze *Gu*

口径 12、通高 18.7 厘米
商代（公元前 1600—前 1046 年）
2006 年盘龙城杨家湾 13 号墓出土
盘龙城遗址博物院藏

铜爵
Bronze *Jue*

流尾长 17、通高 17.3 厘米
商代（公元前 1600—前 1046 年）
2006 年盘龙城杨家湾 13 号墓出土
盘龙城遗址博物院藏

铜刀
Bronze Blade

长 29.5、宽 3.2 厘米
长 33、宽 4.6 厘米
长 34.4、宽 5.1 厘米
商代（公元前 1600—前 1046 年）
2006 年盘龙城杨家湾 13 号墓出土
盘龙城遗址博物院藏

铜锛
Bronze Adze

长 13.2、刃宽 6 厘米
商代（公元前 1600—前 1046 年）
2001 年盘龙城杨家湾 13 号墓出土
盘龙城遗址博物院藏

铜锸
Bronze Spade

长 26、刃宽 10.2 厘米
商代（公元前 1600—前 1046 年）
2001 年盘龙城杨家湾 13 号墓出土
盘龙城遗址博物院藏

玉钺
Jade Battle-axe

残长 6.8、刃宽 6.3 厘米
商代（公元前 1600—前 1046 年）
2006 年盘龙城杨家湾 13 号墓出土
盘龙城遗址博物院藏

石铲
Stone Spade

长 15.1、刃宽 7 厘米
商代（公元前 1600—前 1046 年）
2001 年盘龙城杨家湾 13 号墓出土
盘龙城遗址博物院藏

陶饼
Pottery Cake

直径 4 厘米
商代（公元前 1600—前 1046 年）
2006 年盘龙城杨家湾 13 号墓出土
盘龙城遗址博物院藏

硬陶尊
Hard Pottery *Zun*

口径 9.5、通高 13.3 厘米
商代（公元前 1600—前 1046 年）
2006 年盘龙城杨家湾 13 号墓出土
盘龙城遗址博物院藏

铜尊
Bronze *Zun*

口径 24.7、通高 34.3 厘米
商代（公元前 1600—前 1046 年）
1989 年盘龙城杨家湾 11 号墓出土
盘龙城遗址博物院藏

铜面具
Bronze Mask

残宽 19.2、通高 18 厘米
商代（公元前 1600—前 1046 年）
1967 年盘龙城杨家湾采集
湖北省博物馆藏

铜刀
Bronze Blade

长 40、宽 10.1 厘米
商代（公元前 1600—前 1046 年）
1989 年盘龙城杨家湾 11 号墓出土
湖北省博物馆藏

卜骨
Oracle Bone

残长 21.5、宽 16.4 厘米
商代（公元前 1600—前 1046 年）
1989 年盘龙城杨家湾 11 号墓出土
盘龙城遗址博物院藏

城邑生活
The Life of the City

盘龙城是夏商时期长江中游重镇。随着青铜文明的进步与发展，盘龙城人口逐渐增多，城邑人群等级分明。据推算，盘龙城繁盛时期人口可能达到 2 万人，持续发展阶段城邑面积扩大，人口可能达到 3 万人。

▲　第二单元"城邑生活"

▲ 普通平民、一般贵族、高级贵族展柜

盘龙城人口数量随社会发展而逐渐增多，城邑居民由贵族、平民和奴隶等不同阶层组成，等级制度森严。古人事死如事生，同时期墓葬中不同的随葬器物组合，通常表现墓主人的不同身份。

杨家湾 2 号平民墓葬随葬器物组合

小王家嘴 24 号一般贵族墓葬随葬铜器组合

铜觚
Bronze *Gu*

口径 13.3、通高 20 厘米
商代（公元前 1600—前 1046 年）
2015 年盘龙城小王家嘴 24 号墓出土
盘龙城遗址博物院藏

铜斝
Bronze *Jia*

口径 23、通高 33.8 厘米
商代（公元前 1600—前 1046 年）
2015 年盘龙城小王家嘴 24 号墓出土
盘龙城遗址博物院藏

铜鼎
Bronze *Ding*

口径 29、通高 34 厘米
商代（公元前 1600—前 1046 年）
2015 年盘龙城小王家嘴 24 号墓出土
盘龙城遗址博物院藏

铜鼎
Bronze *Ding*

口径 16、通高 18 厘米
商代（公元前 1600—前 1046 年）
2015 年盘龙城小王家嘴 24 号墓出土
盘龙城遗址博物院藏

铜戈
Bronze Dagger-axe

长 29、残宽 4.7 厘米
商代（公元前 1600—前 1046 年）
2015 年盘龙城小王家嘴 24 号墓出土
盘龙城遗址博物院藏

玉钺
Jade Battle-axe

长 19.1、刃宽 10.1 厘米
商代（公元前 1600—前 1046 年）
2015 年盘龙城小王家嘴 24 号墓出土
盘龙城遗址博物院藏

玉斧
Jade Axe

长 14.7、刃宽 6 厘米
商代（公元前 1600—前 1046 年）
2015 年盘龙城小王家嘴 24 号墓出土
盘龙城遗址博物院藏

铜觚
Bronze *Gu*

口径 12.4、通高 20.4 厘米
商代（公元前 1600—前 1046 年）
1980 年盘龙城杨家湾 6 号"灰坑"出土
湖北省博物馆藏

杨家湾 6 号"灰坑"位于杨家湾南坡，系村
民平整房屋地基时发现。因破坏严重，难以
辨别坑穴形状，清理时作为灰坑处理，编号
为 PYWH6。经研究发现，6 号"灰坑"应为一
座商代高等级墓葬。

杨家湾 6 号"灰坑"铜爵组合

铜爵
Bronze *Jue*

流尾长 17、通高 16.4 厘米
商代（公元前 1600—前 1046 年）
1980 年盘龙城杨家湾 6 号"灰坑"出土
湖北省博物馆藏

铜爵
Bronze *Jue*

流尾长 14、通高 15.8 厘米
商代（公元前 1600—前 1046 年）
1980 年盘龙城杨家湾 6 号"灰坑"出土
湖北省博物馆藏

铜尊
Bronze *Zun*

口径 20.8、通高 23.6 厘米
商代（公元前 1600—前 1046 年）
1980 年盘龙城杨家湾 6 号"灰坑"出土
湖北省博物馆藏

铜罍
Bronze *Lei*

口径 15.6、通高 25.8 厘米
商代（公元前 1600—前 1046 年）
1980 年盘龙城杨家湾 6 号"灰坑"出土
湖北省博物馆藏

铜罍

Bronze *Lei*

口径 16.8、通高 32 厘米
商代（公元前 1600—前 1046 年）
1980 年盘龙城杨家湾 6 号 "灰坑" 出土
湖北省博物馆藏

铜矛

Bronze Spear

长 20.2、宽 3.2 厘米

商代（公元前 1600—前 1046 年）

1980 年盘龙城杨家湾 6 号"灰坑"出土

湖北省博物馆藏

铜戈

Bronze Dagger-axe

长 25.7、宽 4.8 厘米

商代（公元前 1600—前 1046 年）

1980 年盘龙城杨家湾 6 号"灰坑"出土

湖北省博物馆藏

铜剑
Bronze Sword

残长 28、宽 5 厘米
商代（公元前 1600—前 1046 年）
1980 年盘龙城杨家湾 6 号"灰坑"出土
湖北省博物馆藏

剑身近似柳叶形，脊部凸起，双面刃，剑格两
侧有圆珠状纽，剑柄作束腰扁平状，柄部装饰
V 形和圆点纹。这件青铜短剑是在北方短剑的
基础上改造创新而来，年代属于商代中期，是
目前商文化中发现最早的青铜短剑。它的发现，
填补了我国青铜剑发展史上的一个缺环。

陶饼
Pottery Cake

直径 4.4 厘米
商代（公元前 1600—前 1046 年）
1980 年盘龙城杨家湾 6 号"灰坑"出土
盘龙城遗址博物院藏

陶鬲
Pottery *Li*

口径 12.8、通高 14.4 厘米
商代（公元前 1600—前 1046 年）
1980 年盘龙城杨家湾 6 号"灰坑"出土
盘龙城遗址博物院藏

硬陶尊
Hard Pottery *Zun*

口径 18.8、通高 12.5 厘米
商代（公元前 1600—前 1046 年）
1980 年盘龙城杨家湾 6 号"灰坑"出土
盘龙城遗址博物院藏

玉戈
Jade Dagger-axe

长 49、宽 7.6 厘米
商代（公元前 1600—前 1046 年）
2006 年盘龙城采集
盘龙城遗址博物院藏

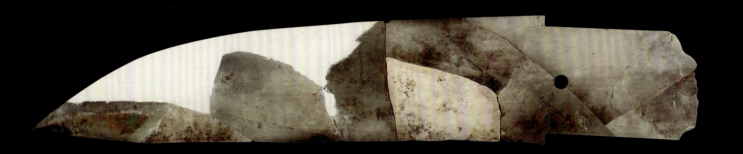

玉戈
Jade Dagger-axe

残长 34、宽 12 厘米
商代（公元前 1600—前 1046 年）
2014 年盘龙城杨家湾 17 号墓出土
盘龙城遗址博物院藏

盘龙城先民日常使用的炊具多为鼎、鬲、甗、罐，一般平民使用陶质制品。青铜炊具为贵族专用，不仅用于日常生活，也用于祭祀礼仪活动。盛食器则以陶质的簋和豆为主，也有少量的盆和瓮，各类器物容积差异较大。盘龙城饮酒风尚浓烈，出土了觚、爵、斝、罍、壶等种类繁多的酒器。

▶ 第二单元"城邑生活"全景

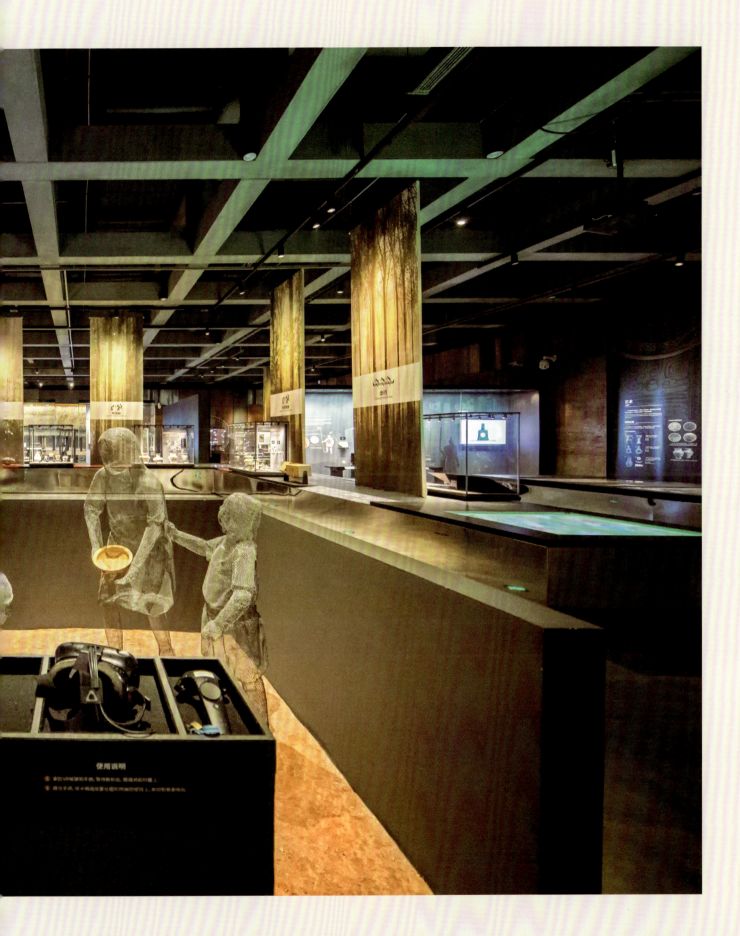

▲ 甑、甗、鼎、罐、鬲炊器通柜

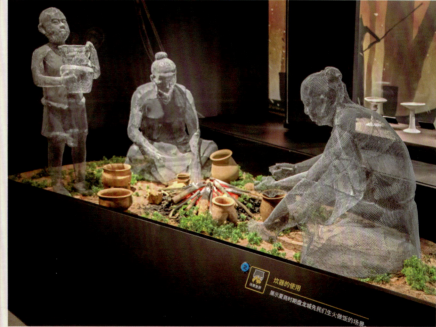

▲ 台面信息板——"甗"

甗是什么？新石器时代至商周时期的蒸食炊器，多为陶质和铜质。分为上下两部分，下半部为鬲，用以盛水加热；上半部为甑，用以盛放食物；中间以箅相隔，便于蒸汽通过。陶甗出现于新石器时代，铜甗始见于商代早期，西周时期盛行。盘龙城李家嘴2号墓出土的铜甗是目前考古发现商代最早的铜甗。展览中设置多处台面信息板，通俗细致地传达艰涩难懂的考古语言。

▼ 钢网人场景——炊器的使用

利用三维打印复制的文物和艺术化处理的钢网人，复原展示夏商时期盘龙城先民生火做饭的场景，帮助观众理解炊器的使用。钢网人、金属剪影和卡通人物等元素贯穿展览，适度遐想盘龙城先民形象，用写意的解读给观众留下想象空间的同时，也增加了展览的画面感和趣味性。

陶鼎
Pottery *Ding*

口径 17.5、残高 18.5 厘米
夏商之际（公元前 1600 年左右）
2013 年盘龙城杨家湾 28 号灰坑出土
盘龙城遗址博物院藏

陶鬲
Pottery *Li*

口径 17.5、通高 20.6 厘米
商代（公元前 1600—前 1046 年）
1983 年盘龙城王家嘴 86 探方第 6 层出土
盘龙城遗址博物院藏

陶甗
Pottery *Yan*

口径 24.5、通高 35.5 厘米
商代（公元前 1600—前 1046 年）
2013 年盘龙城杨家湾 8 号灰坑出土
盘龙城遗址博物院藏

陶罐
Pottery Jar

口径 12.8、通高 20 厘米
商代（公元前 1600—前 1046 年）
1986 年盘龙城杨家湾 9 号墓出土
盘龙城遗址博物院藏

陶鬲
Pottery *Li*

口径 18.5、通高 18 厘米
夏代（公元前 2070—前 1600 年）
1983 年盘龙城王家嘴 86 探方第 8 层出土
盘龙城遗址博物院藏

陶甑
Pottery *Zeng*

口径 26.3、残高 21.4 厘米
商代（公元前 1600—前 1046 年）
2014 年盘龙城杨家湾 1014 探方第 4 层出土
盘龙城遗址博物院藏

陶罐
Pottery Jar

口径 15.2、残高 13 厘米
夏商之际（公元前 1600 年左右）
1979 年盘龙城南城墙 3 号灰坑出土
盘龙城遗址博物院藏

陶鬲
Pottery Yan

口径 27、通高 39 厘米
商代（公元前 1600—前 1046 年）
2015 年盘龙城小嘴 11 号灰坑出土
盘龙城遗址博物院藏

铜鬲
Bronze *Li*

口径 12.5、通高 17 厘米
商代（公元前 1600—前 1046 年）
1981 年盘龙城杨家湾 7 号墓出土
湖北省博物馆藏

陶带把鬲
Pottery *Li* with Handle

口径 9.7、通高 10 厘米
商代（公元前 1600—前 1046 年）
2014 年盘龙城杨家湾 1010 探方第 3 层出土
盘龙城遗址博物院藏

铜鼎

Bronze *Ding*

口径 15、通高 19.5 厘米

商代（公元前 1600—前 1046 年）

2006 年盘龙城采集

盘龙城遗址博物院藏

铜鼎

Bronze *Ding*

口径 55、通高 85 厘米

商代（公元前 1600—前 1046 年）

1989 年盘龙城杨家湾 11 号墓出土

湖北省博物馆藏

折沿，方唇，双立耳，深腹，圜底，三足缺失，已复原
成圆锥形足。上腹部装饰一周三组细阳线兽面纹，圆角
方形兽眼凸出醒目。商周时期，铜鼎是统治阶级权力的
象征。此鼎是目前所见商代早期体量最大的青铜圆鼎。

陶簋
Pottery Gui

口径 24.4、通高 15.2 厘米
商代（公元前 1600—前 1046 年）
2015 年盘龙城小嘴 0413 探方第 3 层出土
盘龙城遗址博物院藏

陶瓮
Pottery Urn

口径 14.4、通高 16.5 厘米
商代（公元前 1600—前 1046 年）
1977 年盘龙城杨家嘴采集
盘龙城遗址博物院藏

陶盆
Pottery Basin

口径 38、通高 19 厘米
商代（公元前 1600—前 1046 年）
1985 年盘龙城李家嘴 4 号灰坑出土
盘龙城遗址博物院藏

陶瓿
Pottery *Bu*

口径 7.5、通高 8.8 厘米
商代（公元前 1600—前 1046 年）
1974 年盘龙城李家嘴 1 号墓出土
盘龙城遗址博物院藏

陶爵
Pottery *Jue*

流尾长 8.8、通高 11.9 厘米
商代（公元前 1600—前 1046 年）
20 世纪 80 年代盘龙城王家嘴采集
盘龙城遗址博物院藏

陶壶
Pottery Pot

口径 6.5、通高 33 厘米
商代（公元前 1600—前 1046 年）
2006 年盘龙城杨家嘴 16 号墓出土
盘龙城遗址博物院藏

陶斝
Pottery *Jia*

口径 11.6、通高 18.8 厘米
商代（公元前 1600—前 1046 年）
1983 年盘龙城王家嘴 33 探方第 5 层出土
盘龙城遗址博物院藏

硬陶尊
Hard Pottery *Zun*

口径 20.4、通高 30 厘米
夏代（公元前 2070—前 1600 年）
1983 年盘龙城王家嘴 82 探方第 8 层出土
盘龙城遗址博物院藏

陶壶
Pottery Pot

口径 14、通高 27 厘米
夏代（公元前 2070—前 1600 年）
1979 年盘龙城王家嘴 36 探方第 8 层出土
盘龙城遗址博物院藏

陶杯
Pottery Cup

口径 5.5、通高 5.7 厘米
商代（公元前 1600—前 1046 年）
20 世纪 80 年代盘龙城杨家嘴采集
盘龙城遗址博物院藏

铜觚
Bronze *Gu*

口径 11.3、通高 17 厘米
商代（公元前 1600—前 1046 年）
20 世纪 70 年代盘龙城杨家湾 3 号墓出土
湖北省博物馆藏

铜爵
Bronze *Jue*

流尾长 14.4、通高 16 厘米
商代（公元前 1600—前 1046 年）
1980 年盘龙城杨家湾 5 号墓出土
湖北省博物馆藏

铜斝
Bronze *Jia*

口径 18.1、通高 26.8 厘米
商代（公元前 1600—前 1046 年）
1981 年盘龙城杨家湾 7 号墓出土
湖北省博物馆藏

铜尊
Bronze *Zun*

口径 18.4、通高 29.2 厘米
商代（公元前 1600—前 1046 年）
2001 年盘龙城王家嘴 2 号墓出土
盘龙城遗址博物院藏

在早期中国社会，"国之大事，在祀与戎"（《左传·成公十三年》）。盘龙城在长江流域率先进入金属兵器时代。盘龙城遗址出土的青铜器中，约三分之一为兵器。整个盘龙城遗址，具有强烈的军事色彩。

军事展柜

小嘴 3 号墓随葬有较多青铜兵器，种类有钺、
戈和镞等。其中铜面具及铜泡，可能与防护铠
甲相关。展览根据墓葬出土的兵器，绘制了一
名武士形象。

铜戈
Bronze Dagger-axe

长 30、宽 8.3 厘米
商代（公元前 1600—前 1046 年）
2006 年盘龙城杨家嘴 16 号墓出土
盘龙城遗址博物院藏

铜戈
Bronze Dagger-axe

长 26、宽 5 厘米
商代（公元前 1600—前 1046 年）
1983 年盘龙城王家嘴 85 探方第 5 层出土
湖北省博物馆藏

铜戈
Bronze Dagger-axe

长 27.2、宽 4.7 厘米
商代（公元前 1600—前 1046 年）
1983 年盘龙城王家嘴 7 号灰坑出土
湖北省博物馆藏

铜戣

Bronze _Kui_

残长 18.2、残宽 5.5 厘米
商代（公元前 1600—前 1046 年）
20 世纪 80 年代盘龙城采集
湖北省博物馆藏

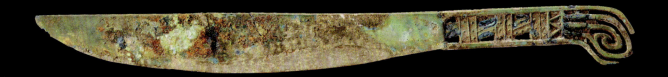

铜刀

Bronze Blade

残长 30.4、宽 3 厘米
商代（公元前 1600—前 1046 年）
1981 年盘龙城杨家湾 7 号墓出土
湖北省博物馆藏

铜刀

Bronze Blade

长 44.5、宽 3.5 厘米
商代（公元前 1600—前 1046 年）
20 世纪 90 年代盘龙城杨家湾采集
盘龙城遗址博物院藏

铜刀
Bronze Blade

长 41.6、宽 3.2 厘米
商代（公元前 1600—前 1046 年）
1983 年盘龙城王家嘴 7 号灰坑出土
湖北省博物馆藏

铜镞
Bronze Arrowhead

残长 5.8、宽 0.6 厘米
商代（公元前 1600—前 1046 年）
2001 年盘龙城王家嘴采集
盘龙城遗址博物院藏

小嘴 3 号墓青铜礼器组合

铜爵
Bronze *Jue*

流尾长 13.8、通高 13.5 厘米
商代（公元前 1600—前 1046 年）
2017 年盘龙城小嘴 3 号墓出土
盘龙城遗址博物院藏

铜斝
Bronze *Jia*

口径 15.5、通高 24 厘米
商代（公元前 1600—前 1046 年）
2017 年盘龙城小嘴 3 号墓出土
盘龙城遗址博物院藏

铜鼎
Bronze *Ding*

口径 14.3、通高 17 厘米
商代（公元前 1600—前 1046 年）
2017 年盘龙城小嘴 3 号墓出土
盘龙城遗址博物院藏

铜面具
Bronze Mask

宽 26.5、通高 21 厘米
商代（公元前 1600—前 1046 年）
2017 年盘龙城小嘴 3 号墓出土
盘龙城遗址博物院藏

铜泡
Bronze Bubble

直径 9 厘米
商代（公元前 1600—前 1046 年）
2017 年盘龙城小嘴 3 号墓出土
盘龙城遗址博物院藏

铜钺
Bronze Battle-axe

长 13、肩宽 10.6 厘米
商代（公元前 1600—前 1046 年）
2017 年盘龙城小嘴 3 号墓出土
盘龙城遗址博物院藏

玉柄形器
Jade Handle

长 12、宽 2 厘米
商代（公元前 1600—前 1046 年）
2017 年盘龙城小嘴 3 号墓出土
盘龙城遗址博物院藏

铜戈
Bronze Dagger-axe

长 26.6、宽 7 厘米
商代（公元前 1600—前 1046 年）
2017 年盘龙城小嘴 3 号墓出土
盘龙城遗址博物院藏

铜戈
Bronze Dagger-axe

长 24.3、宽 6.8 厘米
商代（公元前 1600—前 1046 年）
2017 年盘龙城小嘴 3 号墓出土
盘龙城遗址博物院藏

▲ 腰坑、角坑、殉人、殉狗等葬俗模型

◀ 李家嘴2号墓殉人葬俗模型

殉人风气始于新石器时代，在商代达到顶峰。殉人数量可反映墓主人身份等级。通过按比例缩小的李家嘴2号墓模型，可清晰看到墓坑边缘位置有二层台，二层台上有殉人骨架。该墓共有3具殉人遗骸。殉人地位低下，不设木棺。

　　商代早期缺乏确切的文字记载，考古学研究为认知盘龙城先民的精神世界提供了可能。生与死的习俗，是其精神世界的重要组成部分。盘龙城先民已初具信仰体系。他们以东北方位为尊，城址、宫殿、居址方向，大都北偏东。以卜骨作为与神明交流的道具，沟通生死，占卜吉凶。盘龙城先民在墓葬中随葬青铜器、玉器等贵重物品，腰坑、角坑、殉人、殉狗、碎器葬等葬俗，体现了人们对死后世界的重视。

[落葬礼]

人死之后以复杂的仪式埋入地下

掘穴

掘穴 挖掘长方形墓穴 长3.67米 宽3.24米

腰坑

腰坑内埋葬殉狗并抛入断成3截的玉戈

椁室

筑椁

筑椁 用木板在底板上搭建椁室 椁室略比棺高

沉棺

沉棺 将已经入殓死者的棺木放入椁室

戈、矛、钺等铜兵器置于椁盖板上

虞祭

▲ 《落葬礼》动画视频

视频以李家嘴 2 号墓为例，通过讲故事的形式解析盘龙城先民落葬礼的一般程序。作为商王朝的南方中心，盘龙城的居民保留着强烈的"祖灵信仰"。人死之后以复杂的仪式埋入地下，分为准备、落葬、辞别三个阶段，这个过程称为"落葬礼"。"落葬礼"表现出明显的贵贱等级和贫富差异，也折射出商代社会中的家族观念及以家族为核心的社会结构。

盘龙城先民常将陶器、青铜器、玉器打碎后埋入墓中，这种葬俗被称为"碎器葬"。盘龙城遗址高等级墓葬中，往往能看到散落在墓室各方位的玉器残片和铜器残片，这些残片上有明显的人为打击痕迹。

杨家嘴 26 号墓碎器葬情形展示

杨家嘴 26 号墓出土的青铜器大多有程度不同的碎器痕迹。在修复时突破传统修复理念，保留了青铜器上人为破坏的痕迹，并在展览中充分展示文物背后的历史信息，让观众直观感受盘龙城商代墓葬的碎器葬俗。

铜爵
Bronze *Jue*

流尾长 15、通高 16.5 厘米
商代（公元前 1600—前 1046 年）
2014 年盘龙城杨家嘴 26 号墓出土
盘龙城遗址博物院藏

铜觚
Bronze *Gu*

口径 12、通高 17 厘米
商代（公元前 1600—前 1046 年）
2014 年盘龙城杨家嘴 26 号墓出土
盘龙城遗址博物院藏

铜斝
Bronze *Jia*

口径 17、通高 27 厘米
商代（公元前 1600—前 1046 年）
2014 年盘龙城杨家嘴 26 号墓出土
盘龙城遗址博物院藏

铜罍

Bronze *Lei*

口径 14、通高 27.5 厘米

商代（公元前 1600—前 1046 年）

2014 年盘龙城杨家嘴 26 号墓出土

盘龙城遗址博物院藏

铜鼎
Bronze *Ding*

口径 15.2、通高 20.3 厘米
商代（公元前 1600—前 1046 年）
2014 年盘龙城杨家嘴 26 号墓出土
盘龙城遗址博物院藏

铜鼎
Bronze *Ding*

口径 16、通高 20 厘米
商代（公元前 1600—前 1046 年）
2014 年盘龙城杨家嘴 26 号墓出土
盘龙城遗址博物院藏

铜鼎
Bronze *Ding*

口径 15.3、通高 19.5 厘米
商代（公元前 1600—前 1046 年）
2014 年盘龙城杨家嘴 26 号墓出土
盘龙城遗址博物院藏

陶器座
Pottery Pedestal

底径 40、通高 38 厘米
商代（公元前 1600—前 1046 年）
2014 年盘龙城杨家嘴 26 号墓出土
盘龙城遗址博物院藏

陶饼
Pottery Cake

直径 4.4 厘米
商代（公元前 1600—前 1046 年）
1989 年盘龙城杨家湾 11 号墓出土
盘龙城遗址博物院藏

陶饼
Pottery Cake

直径 3.6 厘米
商代（公元前 1600—前 1046 年）
1974 年盘龙城李家嘴 2 号墓出土
盘龙城遗址博物院藏

铜簋拓片

铜簋

神祇存在于天地四方。青铜容器大都是祭祀神明的法器。精美而具神秘色彩的铜器纹饰背后，彰显出古代人类对神祇的敬畏。

铜觚

这件青铜觚纹饰分三层：下层似汹涌澎湃的海洋，中层回形纹象征云彩，上层是代表神祇的兽面纹。

铜罍

Bronze *Lei*

口径 17.3、通高 27.9 厘米

商代（公元前 1600—前 1046 年）

2014 年盘龙城杨家湾 19 号墓出土

盘龙城遗址博物院藏

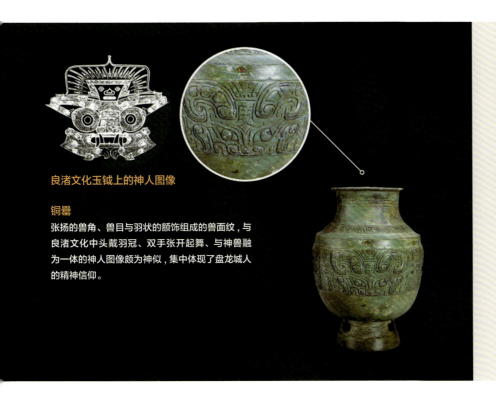

良渚文化玉钺上的神人图像

铜罍

张扬的兽角、兽目与羽状的额饰组成的兽面纹，与良渚文化中头戴羽冠、双手张开起舞、与神兽融为一体的神人图像颇为神似，集中体现了盘龙城人的精神信仰。

纹饰的神秘内涵

精美而富有神秘色彩的兽面纹是盘龙城青铜器最为常见的装饰母题，张扬的兽角、兽目与羽状的额饰组成的兽面纹，与良渚文化中头戴羽冠、双手张开起舞、与神兽融为一体的神人图像颇为神似，集中体现了盘龙城人的精神信仰。

铜罍
Bronze *Lei*

口径 14、通高 31 厘米
商代（公元前 1600—前 1046 年）
20 世纪 70 年代盘龙城王家嘴采集
武汉博物馆藏

玉璜
Semi-annular Jade Pendant

长 8.2、宽 2.6 厘米
商代（公元前 1600—前 1046 年）
2006 年盘龙城杨家嘴 21 号墓出土
盘龙城遗址博物院藏

陶鱼
Pottery Fish

长 14、宽 4.7 厘米
商代（公元前 1600—前 1046 年）
1974 年盘龙城宫殿区出土
盘龙城遗址博物院藏

陶壶形器
Pot-shaped Pottery

口径 9.8、残高 24 厘米
商代（公元前 1600—前 1046 年）
20 世纪 80 年代盘龙城王家嘴采集
盘龙城遗址博物院藏

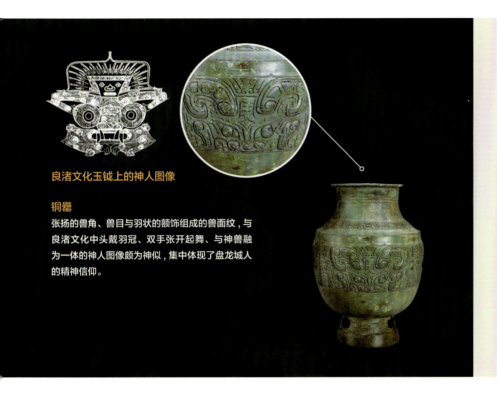

良渚文化玉钺上的神人图像

铜罍

张扬的兽角、兽目与羽状的额饰组成的兽面纹，与
良渚文化中头戴羽冠、双手张开起舞、与神兽融
为一体的神人图像颇为神似，集中体现了盘龙城人
的精神信仰。

纹饰的神秘内涵

精美而富有神秘色彩的兽面纹是盘龙城青铜器
最为常见的装饰母题，张扬的兽角、兽目与羽
状的额饰组成的兽面纹，与良渚文化中头戴羽
冠、双手张开起舞、与神兽融为一体的神人图
像颇为神似，集中体现了盘龙城人的精神信仰。

铜罍
Bronze *Lei*

口径 14、通高 31 厘米
商代（公元前 1600—前 1046 年）
20 世纪 70 年代盘龙城王家嘴采集
武汉博物馆藏

玉璜
Semi-annular Jade Pendant

长 8.2、宽 2.6 厘米
商代（公元前 1600—前 1046 年）
2006 年盘龙城杨家嘴 21 号墓出土
盘龙城遗址博物院藏

陶鱼
Pottery Fish

长 14、宽 4.7 厘米
商代（公元前 1600—前 1046 年）
1974 年盘龙城宫殿区出土
盘龙城遗址博物院藏

陶壶形器
Pot-shaped Pottery

口径 9.8、残高 24 厘米
商代（公元前 1600—前 1046 年）
20 世纪 80 年代盘龙城王家嘴采集
盘龙城遗址博物院藏

陶鹰头
Pottery Goshawk Head

宽 6.1、通高 4.6 厘米
商代（公元前 1600—前 1046 年）
1989 年盘龙城杨家湾采集
盘龙城遗址博物院藏

陶鼓形壶
Pottery Drum-shaped Pot

口径 6.5、通高 24.4 厘米
商代（公元前 1600—前 1046 年）
1998 年盘龙城杨家湾 1 号水井出土
武汉博物馆藏

陶簋
Pottery *Gui*

口径 22.8、残高 16 厘米
商代（公元前 1600—前 1046 年）
2006 年盘龙城杨家湾西 5 探方出土
盘龙城遗址博物院藏

城邑生产
Production at Panlongcheng

　　盘龙城先民通过农业和手工业活动，创造了丰富的物质文明。种类繁多的劳动工具、精细的玉器琢制工艺、技术多样的制陶工业、独立的铸铜体系，反映了商代盘龙城社会生产力的发展高度。

　　商代盘龙城平民仍然使用石质工具。石质工具按功能可划分为木作工具、切割工具、碾磨工具、打磨工具、冶铸工具和其他工具六类。处于青铜时代早期的盘龙城遗址，目前发现的青铜工具仅有数十件，种类包括锸、斧、锛、镢、凿、锯、削、刀、鱼钩等，主要掌握在贵族手中。陶质工具种类较少，有陶垫、陶拍、陶纺轮及陶网坠等。

▲　第三单元"城邑生产"

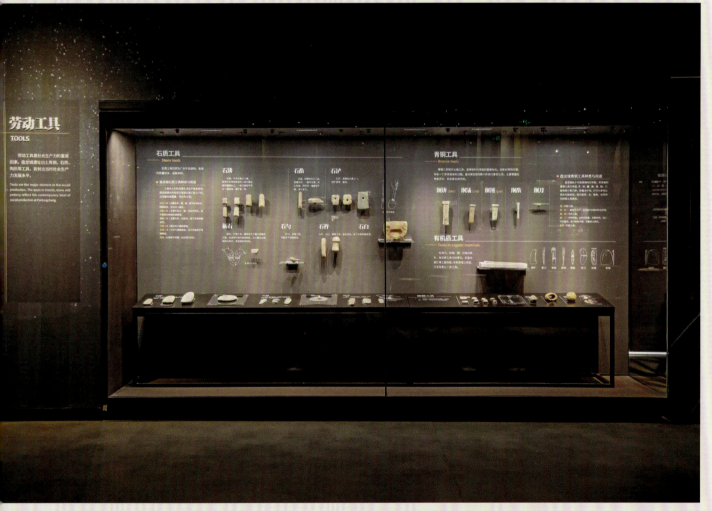

▲ 劳动工具墙柜

铜刀
Bronze Blade

长 13.6、宽 1.8 厘米
商代（公元前 1600—前 1046 年）
2006 年盘龙城杨家嘴 20 号墓出土
盘龙城遗址博物院藏

铜锛
Bronze Adze

长 14.2、刃宽 3 厘米
商代（公元前 1600—前 1046 年）
2006 年盘龙城杨家嘴 16 号墓出土
盘龙城遗址博物院藏

铜凿
Bronze Chisel

长 12、刃宽 1.8 厘米
商代（公元前 1600—前 1046 年）
1983 年盘龙城王家嘴 85 探方第 5 层出土
湖北省博物馆藏

石斧
Stone Axe

长 21.5、刃宽 7 厘米
商代（公元前 1600—前 1046 年）
20 世纪 90 年代盘龙城王家嘴采集
盘龙城遗址博物院藏

石斧
Stone Axe

长 9.6、刃宽 6 厘米
商代（公元前 1600—前 1046 年）
2006 年盘龙城杨家湾 1220 探方第 3 层出土
盘龙城遗址博物院藏

石锛
Stone Adze

长 9、刃宽 4 厘米
商代（公元前 1600—前 1046 年）
21 世纪初盘龙城王家嘴采集
盘龙城遗址博物院藏

石锛
Stone Adze

长 5.5、刃宽 4.3 厘米
商代（公元前 1600—前 1046 年）
21 世纪初盘龙城采集
盘龙城遗址博物院藏

石刀
Stone Blade

残长 13、宽 6 厘米
商代（公元前 1600—前 1046 年）
2006 年盘龙城杨家嘴 25 号墓出土
盘龙城遗址博物院藏

石镰
Stone Sickle

残长 10.5、宽 4.3 厘米
商代（公元前 1600—前 1046 年）
20 世纪 80 年代盘龙城采集
盘龙城遗址博物院藏

石镰
Stone Sickle

残长 16、宽 5 厘米
商代（公元前 1600—前 1046 年）
20 世纪 80 年代盘龙城采集
盘龙城遗址博物院藏

石凿
Stone Chisel

长 7.3、刃宽 1.6 厘米
商代（公元前 1600—前 1046 年）
20 世纪 80 年代盘龙城王家嘴采集
盘龙城遗址博物院藏

石杵
Stone Pestle

直径 5.5、通高 11.5 厘米
商代（公元前 1600—前 1046 年）
2006 年盘龙城杨家湾 1518 探方第 2 层出土
盘龙城遗址博物院藏

石臼
Stone Mortar

直径 19、通高 14.5 厘米
商代（公元前 1600—前 1046 年）
2005 年盘龙城杨家湾采集
盘龙城遗址博物院藏

石勺
Stone Spoon

长 9、高 2.5 厘米
商代（公元前 1600—前 1046 年）
1963 年盘龙城楼子湾 3 号灰沟出土
盘龙城遗址博物院藏

砺石
Whetstone

残长 6、宽 3 厘米
商代（公元前 1600—前 1046 年）
20 世纪 80 年代盘龙城杨家嘴采集
盘龙城遗址博物院藏

石砧
Stone Anvil

直径 15 厘米
商代（公元前 1600—前 1046 年）
1983 年盘龙城王家嘴 45 探方第 5 层出土
盘龙城遗址博物院藏

石线垂
Stone Plumb

底径 2.6、通高 2.9 厘米
商代（公元前 1600—前 1046 年）
1983 年盘龙城杨家嘴 1 号房址出土
盘龙城遗址博物院藏

陶纺轮
Pottery Spinning Wheel

直径 3.6 厘米
商代（公元前 1600—前 1046 年）
20 世纪 90 年代盘龙城采集
盘龙城遗址博物院藏

陶纺轮
Pottery Spinning Wheel

直径 5 厘米
商代（公元前 1600—前 1046 年）
20 世纪 90 年代盘龙城王家嘴采集
盘龙城遗址博物院藏

陶网坠

Pottery Net Pendant

长 1.9、直径 1.1 厘米

商代（公元前 1600—前 1046 年）

20 世纪 90 年代盘龙城采集

盘龙城遗址博物院藏

陶网坠

Pottery Net Pendant

长 8、直径 5.5 厘米

商代（公元前 1600—前 1046 年）

20 世纪 90 年代盘龙城杨家嘴采集

盘龙城遗址博物院藏

陶拍

Pottery Pat

面径 7.5、通高 8 厘米

商代（公元前 1600—前 1046 年）

20 世纪 90 年代盘龙城王家嘴采集

盘龙城遗址博物院藏

陶垫

Pottery Pad

长 9.5、宽 8.6 厘米

商代（公元前 1600—前 1046 年）

2006 年盘龙城杨家湾 1618 探方出土

盘龙城遗址博物院藏

骨匕

Bone *Bi*

残长 28.8、宽 5.5 厘米

商代（公元前 1600—前 1046 年）

1989 年盘龙城杨家湾 11 号墓出土

盘龙城遗址博物院藏

制陶是盘龙城最基本的手工生产活动。盘龙城的陶器多为本地生产，器类和生产技术丰富多样。盘龙城遗址出土的陶器可分为普通陶器和印纹硬陶，其中普通陶器又可分为夹砂陶和泥质陶。夹砂陶一般用作炊器，泥质陶一般用作盛食器。此外，盘龙城遗址还出土有不少原始瓷器。

▶ **陶瓷器类型展柜**

将夹砂陶、泥质陶和原始瓷的切面放大 250 倍，从微观的视角观察各类陶瓷质地的不同之处。

▽ **触摸陶瓷片互动装置**

轻轻触摸，感受陶瓷器。选择泥质陶、夹砂陶、印纹硬陶和原始瓷标本，供观众触摸断面。标本后附有分析各类陶瓷器异同的图表，让观众通过视觉和触觉双重感官感知文物，在趣味、互动中增长知识。

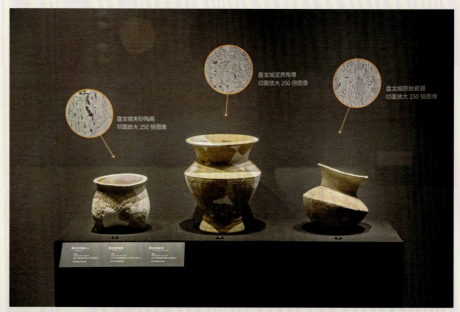

陶尊
Pottery *Zun*

口径 21.7、通高 27.5 厘米
商代（公元前 1600—前 1046 年）
2016 年盘龙城小嘴 13 号灰坑出土
盘龙城遗址博物院藏

硬陶尊
Hard Pottery *Zun*

口径 10.4、通高 14 厘米
商代（公元前 1600—前 1046 年）
20 世纪 70 年代盘龙城杨家湾 3 号墓出土
盘龙城遗址博物院藏

原始瓷尊
Proto-porcelain *Zun*

口径 15.2、通高 19.6 厘米
商代（公元前 1600—前 1046 年）
1985 年盘龙城李家嘴 4 号灰坑出土
盘龙城遗址博物院藏

大陶缸 矩阵式陈列展柜

大陶缸是盘龙城遗址出土数量最多、体量最大的陶器。常见高度50
厘米左右，功用可能是储存粮食与水。展览将数量众多的大陶缸矩
阵式陈列，增强了视觉冲击力。

陶缸
Pottery Vat

口径 26、通高 30 厘米
商代（公元前 1600—前 1046 年）
2014 年盘龙城杨家湾 1015 探方第 3 层出土
盘龙城遗址博物院藏

陶缸
Pottery Vat

口径 43、通高 44 厘米
商代（公元前 1600—前 1046 年）
2014 年盘龙城杨家湾 1015 探方第 4 层出土
盘龙城遗址博物院藏

陶缸
Pottery Vat

口径 36、通高 45 厘米
商代（公元前 1600—前 1046 年）
2014 年盘龙城杨家湾 1015 探方第 4 层出土
盘龙城遗址博物院藏

量的大陶缸在盘龙城非常罕见，反映了盘龙城先民在
陶器制作上取得的成就。

陶缸
Pottery Vat

口径 28.5、通高 30 厘米
商代（公元前 1600—前 1046 年）
2013 年盘龙城杨家湾 9 号灰坑出土
盘龙城遗址博物院藏

陶缸
Pottery Vat

口径 35.6、通高 40 厘米
商代（公元前 1600—前 1046 年）
2014 年盘龙城杨家嘴 14 号灰坑出土
盘龙城遗址博物院藏

陶缸
Pottery Vat

口径 53、通高 108.5 厘米
商代（公元前 1600—前 1046 年）
1983 年盘龙城王家嘴 12 探方出土
盘龙城遗址博物院藏

夹砂黄陶，泥条盘筑。口沿外敞，筒状深腹，圜底，
圆饼状足。器体外表装饰方格纹和附加堆纹。如此体
量的大陶缸在盘龙城非常罕见，反映了盘龙城先民在
陶器制作上取得的成就。

青铜铸造代表青铜时代最先进的生产力。盘龙城遗址目前出土青铜器 500 余件，为已知同时代中国出土青铜器最多的遗址。器物多为本地铸造，表现出较高的冶铸水平。

▲ 青铜器生产展柜

展览将矿料、炼渣、范模、成型器等一并展出，辅以青铜器铸造的视频，将青铜器生产的采矿、选矿、冶炼、翻模制范、铸造等基本环节完整展示。

铜鬲

Bronze *Li*

口径 14.2、通高 18.1 厘米

商代（公元前 1600—前 1046 年）

2014 年盘龙城杨家湾 19 号墓出土

盘龙城遗址博物院藏

石范
Stone Mould

长 21、宽 10.8 厘米
商代（公元前 1600—前 1046 年）
2013 年盘龙城小嘴采集
盘龙城遗址博物院藏

陶范
Pottery Mould

残长 5.2、残宽 4.9 厘米
商代（公元前 1600—前 1046 年）
2015 年盘龙城小嘴 1 号灰沟出土
盘龙城遗址博物院藏

孔雀石
Malachite

残长 2.2、宽 1.4 厘米
商代（公元前 1600—前 1046 年）
2015 年盘龙城小嘴 1917 探方第 3 层出土
盘龙城遗址博物院藏

陶坩埚片
A Piece of Pottery Crucible

残长 5.8、残宽 4.9 厘米
商代（公元前 1600—前 1046 年）
2015 年盘龙城小嘴 0215 探方第 4 层出土
盘龙城遗址博物院藏

铜渣
Copper Slags

商代（公元前 1600—前 1046 年）
2015 年盘龙城小嘴 1 号灰沟出土
盘龙城遗址博物院藏

商代玉器兼具祭祀礼神、象征身份等级、充当货币财富及装饰美观等多种功能。盘龙城遗址出土玉器以大玉戈为代表，具有明显的自身特征。盘龙城遗址出土玉器种类达20种，按用途大致可分为祭祀礼仪与佩饰玩赏两大类。盘龙城遗址出土有100余件玉器，其材质大致可以分为绿松石、透闪石、砂金石、蛇纹石四类。琢制玉器，大致需经选材、开料剖玉、切削琢磨、琢纹、钻孔、抛光等几道工艺流程。李家嘴、楼子湾等地的贵族墓，随葬有新石器时代晚期石家河文化玉器，说明当时存在玉器收藏的情况。另外，盘龙城先民还对损坏旧玉进行改琢，表现出高度的艺术修养和审美情趣。

▼ 玉器加工展柜

玉器珍贵精美，因此人们倍加珍惜。当玉器损坏时，人们会对其进行加工改制，并继续使用。考古发掘中出土了不少带有改制加工痕迹的玉器，它们一一呈现于展厅中。

玉柄形器
Jade Handle

长 3.3、宽 2.6 厘米
商代（公元前 1600—前 1046 年）
2006 年盘龙城杨家嘴 15 号墓出土
盘龙城遗址博物院藏

玉柄形器
Jade Handle

长 11.5、宽 2.1 厘米
商代（公元前 1600—前 1046 年）
2014 年盘龙城杨家湾 19 号墓出土
盘龙城遗址博物院藏

玉柄形器

Jade Handle

长 3.6、宽 1.2 厘米

商代（公元前 1600—前 1046 年）

2006 年盘龙城杨家嘴 23 号墓出土

盘龙城遗址博物院藏

玉柄形器

Jade Handle

长 9.4、宽 1.4 厘米

商代（公元前 1600—前 1046 年）

20 世纪 90 年代盘龙城杨家湾采集

湖北省博物馆藏

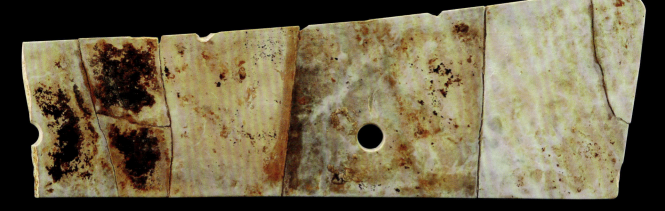

玉刀
Jade Blade

残长 22.5、宽 7 厘米
商代（公元前 1600—前 1046 年）
2014 年盘龙城杨家湾 19 号墓出土
盘龙城遗址博物院藏

玉斧
Jade Axe

长 14.6、刃宽 5.9 厘米
商代（公元前 1600—前 1046 年）
2015 年盘龙城小王家嘴 18 号墓出土
盘龙城遗址博物院藏

玉笄
Jade Hairpin

残长 5.3 厘米
商代（公元前 1600—前 1046 年）
2006 年盘龙城杨家嘴出土
盘龙城遗址博物院藏

玉笄
Jade Hairpin

残长 17、顶径 1 厘米
商代（公元前 1600—前 1046 年）
1981 年盘龙城杨家湾 7 号墓出土
湖北省博物馆藏

玉饰
Jade Ornament

长 5.1、宽 1.6 厘米
商代（公元前 1600—前 1046 年）
1990 年盘龙城王家嘴采集
湖北省博物馆藏

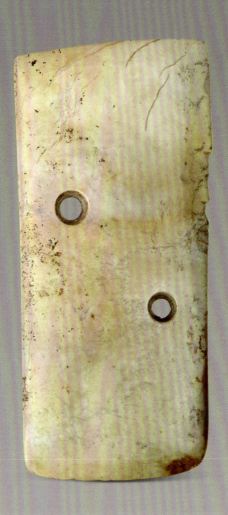

改制玉器
Modified Jade

长 12.1、宽 2.9 厘米
商代（公元前 1600—前 1046 年）
2005 年盘龙城杨家湾采集
盘龙城遗址博物院藏

改制玉器
Modified Jade

长 13.5、宽 6.3 厘米
商代（公元前 1600—前 1046 年）
2006 年盘龙城杨家嘴 16 号墓出土
盘龙城遗址博物院藏

改制玉器
Modified Jade

长 8.5、宽 5 厘米
商代（公元前 1600—前 1046 年）
2001 年盘龙城王家嘴采集
盘龙城遗址博物院藏

城邑建筑
Architecture

　　建筑是城邑的基本要素之一。盘龙城依山滨水，城邑建筑与地理环境紧密相融。崇尚自然的文化理念与土木为材的建筑方法相结合，决定了盘龙城建筑形制、工艺的总体方向。盘龙城 2 号宫殿建筑基址西侧，发现有 11 节与夯土台基平行的陶质排水管，它的出土从侧面说明了盘龙城遗址的规格。

第四单元"城邑建筑"

石砌排水涵道	第二展厅 "故邑风物"全景

▶ 石砌排水涵道

2014 年清理南城垣西段水毁豁口时，在城垣底部发现一处南北向石块垒砌的商代排水沟。排水沟已遭严重破坏，顶部由两块大石块覆盖，嵌以零星小石块；两侧用碎石块垒成沟边。石块未经加工，石缝间用土粘合，构筑方式比较原始。石砌涵道位于宫城地势最低处，应为当时城内最主要的排水通道。为避免湖水继续浸泡，考古专家将其搬进展厅。水影灯、水痕的细节设计，增加了观众的考古现场体验感。

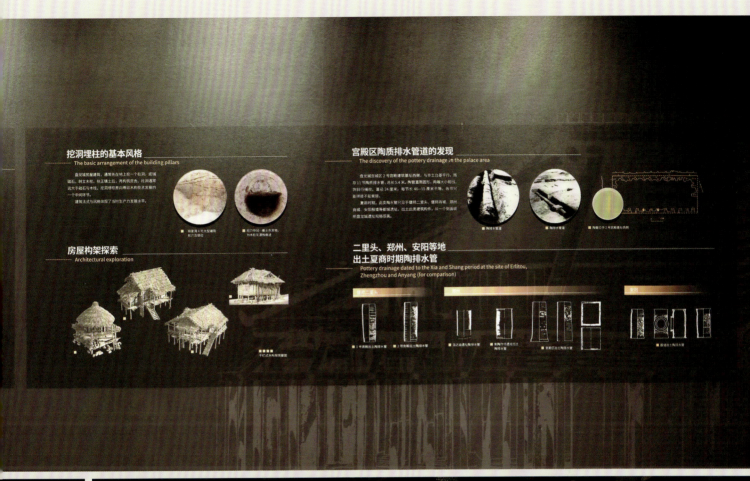

挖洞埋柱的基本风格
The basic arrangement of the building pillars

盘龙城房屋建筑，通常先在地上挖一个柱洞，或填
砂石，树立木柱，扶住墙土在，再构筑房舍。柱洞通常
远大于础石与木柱，挖洞埋柱原台原始木构技术发展的
一个中间环节。
建筑法式与风格体现了当时生产力发展水平。

房屋构架探索
Architectural exploration

宫殿区陶质排水管道的发现
The discovery of the pottery drainage in the palace area

发掘宫城区 2 号宫殿建筑基址西侧，与东土台相平行，挖
存 1 节陶质排水管，总长 5.4 米。陶管直筒形，两端大小相当，
饰纹行横纹，直径 24 厘米，每节长 46~55 厘米不等。各节只
套拼接不起胶泥。

覆盖时，武念陶水管只见于堰铸二里头、堰铸高城、郑州
商城、安阳殷墟都城遗址。出土此类建筑构件，从一个侧面说
明盘龙城遗址规格很高。

二里头、郑州、安阳等地
出土夏商时期陶排水管
Pottery drainage dated to the Xia and Shang period at the site of Erlitou, Zhengzhou and Anyang (for comparison)

第三展厅
角立南土
Marking the
Southern Territory

盘龙城历经夏商二朝，雄踞江汉。不断开拓进取，与四方交汇融合，加上便利的交通、丰富的资源，盘龙城人创造了长江中游地区早期青铜文明的辉煌，为商代晚期中国青铜文明高峰期的到来，奠定了坚实基础。

第三展厅——角立南土，从考古学的角度，将盘龙城遗址置于整个夏商大环境下，描绘盘龙城文化产生和发展的历史背景，探讨盘龙城文化与中原及长江流域各遗址的关系，集中展示盘龙城作为商王朝南土政治、经济、军事、文化重镇的地位和影响。

角立南土

MARKING THE SOUTHERN TERRITORY

盘龙城历经夏商二朝，雄踞江汉。不断开拓进取，与四方交汇融合，加上便利的交通，丰富的资源，盘龙城人创造了长江中游地区早期青铜文明的辉煌，为商代晚期中国青铜文明高峰期的到来，奠定了坚实基础。

Panlongcheng developed as a prominent city during the period of the Xia and Shang dynsaties.
Benefiting from convenient transport links and abundant resources, the people of Panlongcheng continued to develop and innovate as a community engaged with the wider world to become an outstanding Bronze Age civilisation throughout the middle reaches of the Yangtze River. Thus a solid foundation was laid for the peak Chinese Bronze Age Civilisation on the late Shang dynasty.

▲ 第三展厅"角立南土"

盘龙城
与夏商王朝

Panlongcheng and
the Xia and Shang
Dynasties

盘龙城文化的产生、发展，与夏商王朝演化的总体进程密不可分。盘龙城文化始于夏代晚期，终于商代晚期早段，存续的绝对年代大约为公元前 1700—前 1230 年。盘龙城文化的年代上限，考古学界较为一致地认为相当于中原地区二里头文化二期。关于其年代下限则莫衷一是，存在中原二里岗文化晚期与殷墟文化一、二期之际及殷墟文化最晚阶段、西周等多种观点。

▲　第一单元"盘龙城与夏商王朝"

▼ 王家嘴 4 号墓展柜

王家嘴 4 号墓，发掘于 2018 年 1 月。出土铜觚、铜爵、铜斝、骨管、卜骨等文物 21 件。其中铜圜底爵在盘龙城遗址以往的发掘中少见，年代相当于殷墟早期。王家嘴 4 号墓是目前所见盘龙城遗址年代最晚的贵族墓，相当于中原地区殷墟文化一、二期之际，这一发现为研究盘龙城遗址的年代下限增添了新资料。

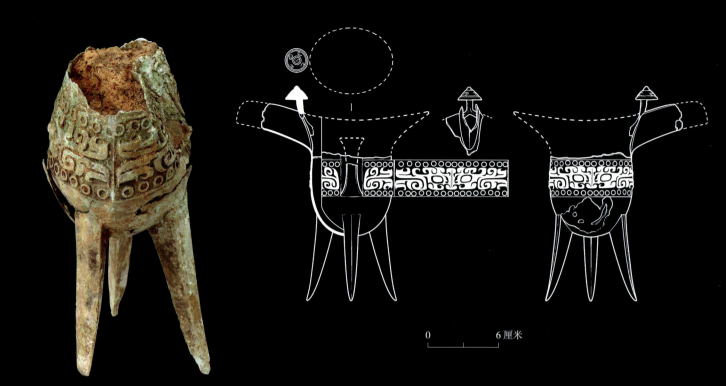

0　　　　6厘米

铜爵

Bronze *Jue*

腹径 7.4、通高 17.5 厘米
商代（公元前 1600—前 1046 年）
2018 年盘龙城王家嘴 4 号墓出土
盘龙城遗址博物院藏

铜觚

Bronze *Gu*

口径 13、通高 19.3 厘米
商代（公元前 1600—前 1046 年）
2018 年盘龙城王家嘴 4 号墓出土
盘龙城遗址博物院藏

铜斝
Bronze *Jia*

口径 15、通高 25.2 厘米
商代（公元前 1600—前 1046 年）
2018 年盘龙城王家嘴 4 号墓出土
盘龙城遗址博物院藏

铜戈
Bronze Dagger-axe

长 24、宽 6.6 厘米
商代（公元前 1600—前 1046 年）
2018 年盘龙城王家嘴 4 号墓出土
盘龙城遗址博物院藏

铜戈
Bronze Dagger-axe

长 25.6、宽 7 厘米
商代（公元前 1600—前 1046 年）
2018 年盘龙城王家嘴 4 号墓出土
盘龙城遗址博物院藏

铜锛
Bronze Adze

长 20.9、刃宽 3.7 厘米
商代（公元前 1600—前 1046 年）
2018 年盘龙城王家嘴 4 号墓出土
盘龙城遗址博物院藏

铜刀
Bronze Blade

长 33.2、宽 4.6 厘米
商代（公元前 1600—前 1046 年）
2018 年盘龙城王家嘴 4 号墓出土
盘龙城遗址博物院藏

铜镞
Bronze Arrowhead

长 5.8、翼宽 2.1 厘米
商代（公元前 1600—前 1046 年）
2018 年盘龙城王家嘴 4 号墓出土
盘龙城遗址博物院藏

骨管
Bone Tube

长 6、腰径 1.5 厘米
商代（公元前 1600—前 1046 年）
2018 年盘龙城王家嘴 4 号墓出土
盘龙城遗址博物院藏

卜骨
Oracle Bone

残长 6.4、残宽 2.8 厘米
商代（公元前 1600—前 1046 年）
2018 年盘龙城王家嘴 4 号墓出土
盘龙城遗址博物院藏

砺石
Whetstone

残长 32、宽 6.6 厘米
商代（公元前 1600—前 1046 年）
2018 年盘龙城王家嘴 4 号墓出土
盘龙城遗址博物院藏

夏王孔甲继位后，德行败坏，统治无方，使得民不聊生，诸侯离心，国势逐渐走向崩溃。夏王朝衰落，给地处王朝疆域边缘的盘龙城兴起提供了机遇。商王室内斗，又进一步促成了盘龙城青铜文化的繁盛。《史记·殷本纪》记载："自仲丁以来，废适更立诸弟子，弟子或争相代立，比九世乱，于是诸侯莫朝。"盘龙城文化的繁盛，同商王都的中衰，恰成鲜明对比。

► "文物连连看"物理互动装置

夏商时期的众多遗址集中分布于中原及附近地区，各遗址的文化面貌既有相似与承袭，又有差异与演变，它们共同构成夏商时期考古学文化序列。互动滚筒让观众通过拼对阅读遗址信息，了解盘龙城遗址所处时代的考古学文化背景。

▼ 郑州小双桥遗址展柜

小双桥遗址位于河南省郑州市西北郊，发现有多处夯土台基、青铜冶铸遗迹、祭祀遗迹、窖穴和壕沟，年代大约为商代中期。

郑州小双桥遗址

Zhengzhou Xiaoshuangqiao site

小双桥遗址位于河南省郑州市西北郊，遗址发现了多处夯土基址、青铜冶铸遗迹、祭祀遗迹、窖穴和壕沟等遗迹，出土了丰富的陶器、铜器、石器、骨器、蚌器等。遗址年代大约为商代中期。

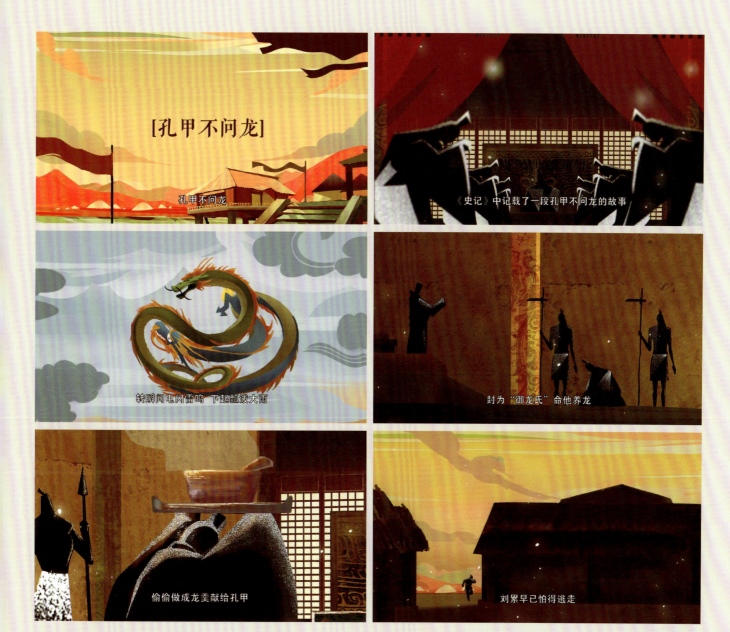

▲《孔甲不问龙》动画短片

夏王孔甲沉迷于鬼神之事，平日不问朝政。他在位时发生了严重的旱灾，百姓流离失所、苦不堪言，一日天降一雄一雌两条神龙，转瞬间电闪雷鸣，下起了瓢泼大雨，缓解了旱情。贪心的孔甲想要把龙占为己有，于是命会养龙术的刘累养龙。一天雌龙忽然死亡，刘累偷偷做成龙羹献给孔甲，未敢上报。孔甲不顾是什么肉，派人索要更多的龙羹，此时刘累早已怕得逃走。而因为孔甲的昏庸无道，诸侯纷纷叛离，夏朝迅速走向衰落，暗示着新兴的商王朝和盘龙城的兴盛即将到来。

文化交融
Cultural Interaction

盘龙城与中原地区联系密切。盘龙城遗址对江汉地区及周边的江陵荆南寺、岳阳铜鼓山、九江荞麦岭等遗址的文化面貌有较大影响，显示出中心遗址的重要作用。同时，南北融汇，也形成了盘龙城文化的独特面貌。

▼ 第二单元"文化交融"

▲ **盘龙城文化类型遗址出土器物对比**

武汉盘龙城、江陵荆南寺、岳阳铜鼓山、九江养麦岭等盘龙城文化类型遗址，时代相同、地域相近，总体文化面貌一致，又带有各自特色。

▼ **盘龙城文化类型遗址出土陶缸比较**

陶缸是盘龙城遗址的典型器物，出土数量众多，在其他盘龙城文化类型遗址中也有出土。

陶鬲
Pottery *Li*

口径 14、通高 17 厘米
商代（公元前 1600—前 1046 年）
1987 年岳阳市铜鼓山遗址出土
岳阳市博物馆藏

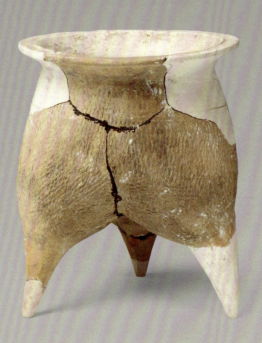

陶鬲
Pottery *Li*

口径 17.4、通高 20.2 厘米
商代（公元前 1600—前 1046 年）
20 世纪 80 年代荆州荆南寺 15 号灰坑出土
荆州博物馆藏

陶鼎
Pottery *Ding*

口径 16.2、通高 16.2 厘米
商代（公元前 1600—前 1046 年）
20 世纪 80 年代荆州荆南寺 22 探方第 4B 层出土
荆州博物馆藏

陶斝
Pottery *Jia*

口径 17.8、通高 28 厘米
商代（公元前 1600—前 1046 年）
20 世纪 80 年代荆州荆南寺 80 探方第 6B 层出土
荆州博物馆藏

陶簋
Pottery *Gui*

口径 26.5、通高 14.7 厘米
商代（公元前 1600—前 1046 年）
20 世纪 80 年代荆州荆南寺 2 号灰沟出土
荆州博物馆藏

陶豆
Pottery *Dou*

口径 16、通高 14.9 厘米
商代（公元前 1600—前 1046 年）
20 世纪 80 年代荆州荆南寺 130 号灰坑出土
荆州博物馆藏

陶缸
Pottery Vat

口径 42、通高 44.5 厘米
商代（公元前 1600—前 1046 年）
2014 年盘龙城杨家湾 1014 探方第 4 层出土
盘龙城遗址博物院藏

陶缸
Pottery Vat

口径 39.2、通高 42.8 厘米
商代（公元前 1600—前 1046 年）
20 世纪 80 年代荆州荆南寺 2 号灰坑出土
荆州博物馆藏

　　盘龙城遗址一至七期，文化演变脉络清晰、连续，表明夏商王朝更替并没有给盘龙城造成较大的冲击。其文化面貌带有一定的中原文化色彩，更具有自身明显特征。

　　盘龙城遗址出土的主体陶器兼具本地文化因素和中原文化因素，另有一部分陶器具有长江下游江西地区的文化因素，以及长江中上游荆南寺和峡江地区的文化因素。盘龙城遗址出土的青铜器，器形、纹饰绝大部分与中原相同；在贵族墓葬中，以鼎、斝、爵、斝为主体的青铜礼器组合也与中原商文化相同。两地总体文化面貌接近，但也有一些为本地特有，时代越晚盘龙城本地文化特色越明显。

▲ 盘龙城遗址与郑州商城陶器组合对比

盘龙城遗址陶器组合中的分裆鬲、有流无尾爵、浅盘高圈足豆等是中原文化因素。

陶斝
Pottery Jia

口径 12.8、通高 20.8 厘米
商代（公元前 1600—前 1046 年）
2000 年河南郑州小双桥 85 号灰坑出土
河南省文物考古研究院藏

陶豆
Pottery Dou

口径 15.4、通高 11.5 厘米
商代（公元前 1600—前 1046 年）
1995 年河南郑州小双桥 3 号灰坑出土
河南省文物考古研究院藏

陶簋
Pottery Gui

口径 28.8、残高 16.8 厘米
商代（公元前 1600—前 1046 年）
1954 年河南郑州商城南关外 2 号灰坑出土
河南省文物考古研究院藏

陶爵
Pottery *Jue*

流尾长 13、通高 13.5 厘米
商代（公元前 1600—前 1046 年）
1955 年河南郑州商城人民公园 37 探方第 2 层出土
河南省文物考古研究院藏

硬陶瓮
Hard Pottery Urn

口径 16.5、通高 19 厘米
商代（公元前 1600—前 1046 年）
1954 年河南郑州商城铭功路西 111 号灰坑出土
河南省文物考古研究院藏

陶鬲
Pottery *Li*

口径 15.4、通高 17.3 厘米
商代（公元前 1600—前 1046 年）
1956 年河南郑州商城铭功路西 146 号墓出土
河南省文物考古研究院藏

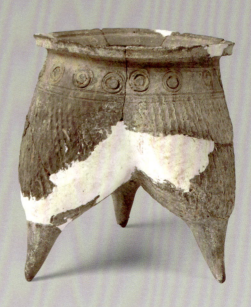

陶斝
Pottery *Jia*

口径 12.7、通高 22 厘米
商代（公元前 1600—前 1046 年）
1983 年盘龙城王家嘴采集
盘龙城遗址博物院藏

陶豆
Pottery *Dou*

口径 15.4、通高 15.6 厘米
商代（公元前 1600—前 1046 年）
2016 年盘龙城小嘴 13 号灰沟出土
盘龙城遗址博物院藏

陶簋
Pottery *Gui*

口径 22、通高 16 厘米
商代（公元前 1600—前 1046 年）
2015 年盘龙城小嘴 4 号灰坑出土
盘龙城遗址博物院藏

陶爵
Pottery *Jue*

流尾长 14.2、通高 14 厘米
商代（公元前 1600—前 1046 年）
2016 年盘龙城小嘴 44 号灰坑出土
盘龙城遗址博物院藏

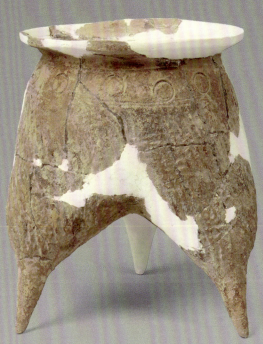

陶鬲
Pottery *Li*

口径 10.8、通高 21.9 厘米
商代（公元前 1600—前 1046 年）
2006 年盘龙城杨家湾 2 号灰坑出土
盘龙城遗址博物院藏

硬陶瓮
Hard Pottery Urn

口径 14、通高 32.2 厘米
商代（公元前 1600—前 1046 年）
1963 年盘龙城楼子湾 3 号墓出土
盘龙城遗址博物院藏

　　盘龙城处于商王朝统治范围内，在礼仪制度、生产技术、精神审美等方面都深受中原商文化影响。相同的青铜礼器组合与玉礼器组合方式，证明盘龙城与中原奉行着同一套礼制，而器物装饰纹样的相似则说明两地有着相近的审美观。

▲ 盘龙城1号宫殿与郑州商城15号宫殿复原模型

流行于中原的夯土基址与木骨泥墙等营造方法亦运用于盘龙城。

◀ 中原文化对盘龙城的影响

青铜在商代是国家重要战略资源，青铜礼器制作，一般应受国家权力控制。按此推论，盘龙城的青铜器应该是在中原生产后，再输送到盘龙城的。但盘龙城发现有铸铜作坊，说明存在本地铸造的情况。

铜鼎

Bronze *Ding*

口径 17.2、通高 23.5 厘米
商代（公元前 1600—前 1046 年）
1989 年盘龙城西城垣 1 号墓出土
湖北省博物馆藏

铜鼎

Bronze *Ding*

口径 17.2、通高 23.7 厘米
商代（公元前 1600—前 1046 年）
1982 年河南郑州商城北二七路 1 号墓出土
河南省文物考古研究院藏

铜觚
Bronze *Gu*

口径 11、通高 16 厘米
商代（公元前 1600—前 1046 年）
20 世纪 70 年代盘龙城杨家湾 3 号墓出土
湖北省博物馆藏

铜爵
Bronze *Jue*

流尾长 15.2、通高 15 厘米
商代（公元前 1600—前 1046 年）
20 世纪盘龙城杨家嘴采集
湖北省博物馆藏

铜斝
Bronze *Jia*

口径 16、通高 25 厘米
商代（公元前 1600—前 1046 年）
1989 年盘龙城西城垣 1 号墓出土
湖北省博物馆藏

铜觚
Bronze *Gu*

口径 15、通高 24 厘米
商代（公元前 1600—前 1046 年）
1982 年河南郑州商城向阳回族食品厂 1 号窖藏坑出土
河南省文物考古研究院藏

铜爵
Bronze *Jue*

流尾长 17、通高 17 厘米
商代（公元前 1600—前 1046 年）
1954 年河南郑州商城白家庄 7 号墓出土
河南省文物考古研究院藏

铜斝
Bronze *Jia*

口径 17.2、通高 27.5 厘米
商代（公元前 1600—前 1046 年）
1982 年河南郑州商城北二七路 1 号墓出土
河南省文物考古研究院藏

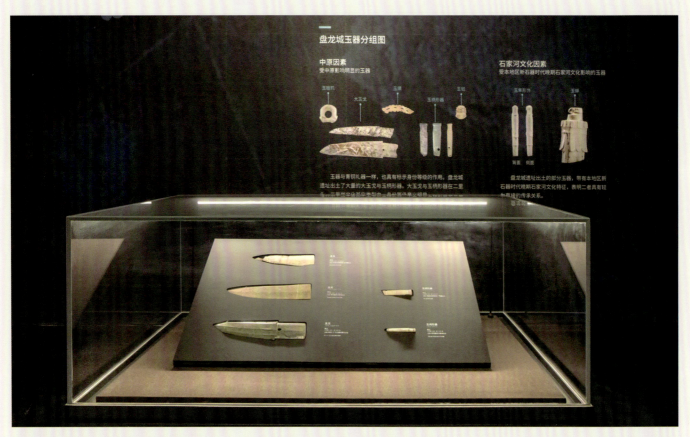

▲ 玉戈、玉柄形器对比展示

▲ 有领玉璧对比展示

来自郑州商城和广汉三星堆遗址的玉戈、玉柄形器、玉璧采用对比方式
一并展出。具有标示身份等级作用的大玉戈、玉柄形器在郑州商城与盘
龙城均有出土，暗示着两地可能奉行着相同的用玉制度。

玉璧

Jade *Bi* Disc

直径 22、领高 3 厘米
商代（公元前 1600—前 1046 年）
2017 年盘龙城小嘴 3 号墓出土
盘龙城遗址博物院藏

中间领部上下凸出，璧身表面饰有九组同心圆纹饰，制作规整，纹饰清晰，富有光泽，为目前所见年代最早、体量最大的有领玉璧，是商王朝制作的代表性玉器。新干大洋洲出土有领玉璧和三星堆、金沙出土玉瑗的形制风格与盘龙城的有领玉璧接近，反映了商代中原文化向南的传播与影响，以及长江流域不同地区间的文化交流。

玉瑗

Jade *Yuan*

直径 11.7、好径 6.8 厘米
商代（公元前 1600—前 1046 年）
1986 年四川广汉三星堆 2 号祭祀坑出土
四川广汉三星堆博物馆藏

玉戈

Jade Dagger-axe

残长 19.5、宽 5 厘米

商代（公元前 1600—前 1046 年）

2014 年盘龙城杨家湾 19 号墓出土

盘龙城遗址博物院藏

玉戈

Jade Dagger-axe

长 25.5、宽 5.8 厘米

商代（公元前 1600—前 1046 年）

1954 年河南郑州商城人民公园 15 号墓出土

河南省文物考古研究院藏

玉戈

Jade Dagger-axe

长 26.8、宽 6.9 厘米

商代（公元前 1600—前 1046 年）

1986 年四川广汉三星堆 2 号祭祀坑出土

四川广汉三星堆博物馆藏

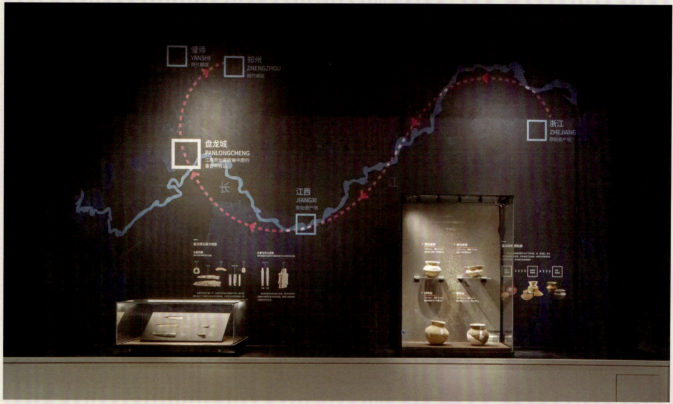

▲ 商代原始瓷传播路线

一般认为原始瓷起源于长江下游的赣、浙、闽地区。盘龙城凭借地理位置优势，较早出现了原始瓷，并将印纹硬陶和原始瓷输往中原，成为南北交流的纽带。

▼ 盘龙城的社会场景展柜

将文物置于人物场景中艺术化展示，富有意境。展陈创造性地实践了信息传播的图像美学，以轻松的图像丰富了版式的趣味，打破了传统的陈列手段。手握铜爵的统治者、持戈的武士、捧觚的贵族，让盘龙城先民的形象和场景融为一体。

铜爵
Bronze *Jue*

流尾长 16、通高 14 厘米
商代（公元前 1600—前 1046 年）
2001 年盘龙城王家嘴 2 号墓出土
盘龙城遗址博物院藏

铜觚
Bronze *Gu*

口径 9.8、通高 15.3 厘米
商代（公元前 1600—前 1046 年）
2006 年盘龙城杨家嘴 16 号墓出土
盘龙城遗址博物院藏

铜斝
Bronze *Jia*

口径 14、通高 23.3 厘米
商代（公元前 1600—前 1046 年）
1988 年盘龙城楼子湾 10 号墓出土
湖北省博物馆藏

硬陶尊
Hard Pottery *Zun*

口径 12.5、通高 11.6 厘米
商代（公元前 1600—前 1046 年）
2014 年盘龙城杨家湾 18 号墓出土
盘龙城遗址博物院藏

硬陶罐
Hard Pottery Jar

口径 11、通高 11.5 厘米
商代（公元前 1600—前 1046 年）
1998 年盘龙城杨家湾 1 号水井出土
武汉博物馆藏

硬陶瓮
Hard Pottery Urn

口径 12、通高 24 厘米
商代（公元前 1600—前 1046 年）
1981 年盘龙城杨家湾 4 号墓出土
盘龙城遗址博物院藏

陶大口尊

Pottery Large-mouthed *Zun*

口径 23.5、通高 25.4 厘米

商代（公元前 1600—前 1046 年）

1983 年盘龙城王家嘴 85 探方第 5 层出土

盘龙城遗址博物院藏

陶缸

Pottery Vat

口径 38、残高 40 厘米

商代（公元前 1600—前 1046 年）

20 世纪 80 年代盘龙城王家嘴采集

盘龙城遗址博物院藏

南土重镇
The Southern Outpost

　　盘龙城是商王朝南部边陲重要的政治、经济、军事、文化重镇，也是夏商时期江汉地区规格最高的城邑。它管控南土数十万平方公里的区域，是本地区名副其实的政治中心。在本文化类型诸遗址中，从城址面积、墓葬规模、出土文物数量、礼器规格上比较，盘龙城的规格均为最高，是无可争议的本地区商代早期中心城市。

　　盘龙城连接中原，雄镇江汉，堪称地区经济、军事重镇。盘龙城不是王都，却和郑州商城一样存在青铜冶铸作坊遗迹，地位十分特殊。关于商代盘龙城的青铜矿料来源，主流观点认为来源于湖北大冶、江西瑞昌等地。开采的矿料沿长江逆流而上可直达盘龙城。盘龙城具有天然的地理优势，既便于获取周边的铜锡资源，又便于管理长江中游地区的铜锡开采和运输。

　　盘龙城的青铜铸接工艺、器物造型、艺术审美乃至精神信仰，对后世文化发展影响深远。盘龙城铸铆式后铸法的铸接工艺传入中原，推动了殷墟青铜器的繁荣发展；独有的高足平裆鬲是楚式鼎形鬲的直接源头；陶豆、陶鬲、陶罐等日常陶器组合一直沿用至楚文化。楚人以东向为尊的精神信仰亦与商代盘龙城贵族墓葬以东方为头向的习俗一脉相承。

▼ 第三单元"南土重镇"

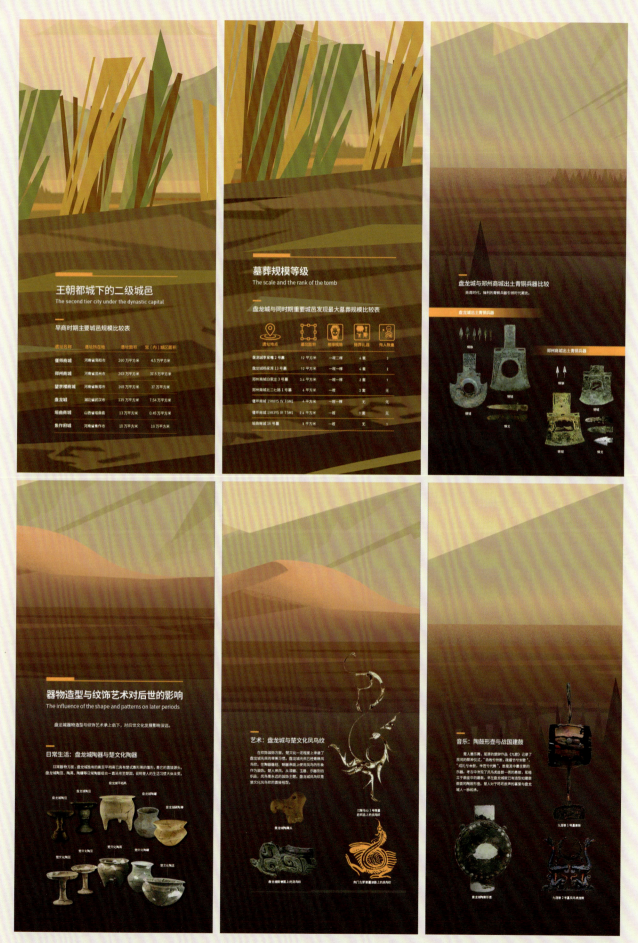

▲ 盘龙城是商代南土政治、经济、军事、文化重镇

▲ 盘龙城遗址在商代早期考古发现中的诸多第一

1. 商代早期长江中游地区等级最高的城址
2. 商代早期出土青铜器最多的遗址
3. 商代早期出土玉器最多的遗址
4. 李家嘴 2 号墓是所见商代早期等级最高的墓葬
5. 高 85 厘米的青铜圆鼎是所见商代早期最大的圆鼎
6. 长 94 厘米的玉戈是所见商代最大的玉戈
7. 直径 22 厘米的有领玉璧为所见商代早期最大的有领玉璧
8. 绿松石镶金饰件是所见中国最早的金玉饰件
9. 中原文化所见最早的青铜剑

▲《盘龙城对长江中游的控制》动画视频

盘龙城地处江汉平原东部，地理位置优越，附近河网交错，水上交通便利，以长江、汉水为主要航线，可通往南方各地，盘龙城因而成为水路交通的枢纽。盘龙城遗址周边区域富含铜矿资源，而其本身又处于通向周围遗址及商王朝都城的陆路和水路交通的中心位置。早商时期，为保证矿产资源的开发和运输，商人在盘龙城投入巨大的人力、物力，使其成为控制长江中游地区的坚固堡垒，盘龙城也凭借着优越的自然交通条件和区域政治中心的地位繁荣发展，对长江中游的控制达到了顶峰。晚商时期，政局动荡，国力衰减，王朝由对外扩张转为向内收缩，对长江中游的控制力随之减弱直至放弃，盘龙城也逐渐衰落。

潮生中原
Concluding Marks

白云千载，青山依旧。镜头可以定格，历史的脚步却不会停滞。

商王武丁励精图治，带来商王朝的中兴。南方青铜冶铸中心被迁往中原，盘龙城终于完成了自己的使命。这不是一个时代的终结，而是新篇章的开始。中国青铜文明史上一个更加辉煌的高峰期悄然来临。

▲ 尾声：潮生中原

▲ 解构的马车

晚商时期，商王朝的势力由盛转衰，商文化在西、南两方面大范围收缩，盘龙城逐渐衰落。解构的马车极具视觉冲击力，用写意的手法暗示盘龙城与中原的关系。以殷墟马车为象征的强大力量驰骋中原，纵横江汉，南方青铜冶铸中心被迁往中原。伴随着武丁中兴，殷墟成为商王朝中心，盘龙城逐渐被历史尘埃掩盖，给后世留下种种难解的谜团。

▲ 盘龙城八大未解谜团展板

1. 盘龙城属于商王朝直接控制的王畿、军事据点还是诸侯邦国？

2. 盘龙城消失，是主动废弃还是被动废弃？原因是什么？

3. 盘龙城的软玉，真的是从新疆和田来的吗？如果是，又是通过怎样的途径？

4. 盘龙城黄金饰片从哪里来的？盘龙城已经掌握黄金冶炼技术了吗？

5. 杨家嘴出土象牙，是本地产还是外地输入？

6. 盘龙城在商代的确切地名叫什么？

7. 当年盘龙城的统治者是男还是女？

8. 盘龙城存在"外城垣"吗？

这些未解之谜仍需在未来的发掘和研究中寻找答案。

▲《盘龙城的前世今生》弧幕影院

以盘龙城遗址出土的绿松石镶金饰件为原型设计出盘龙城的守护精灵，依据60余载考古学研究成果，用三维动画的形式，最大程度还原商代盘龙城城市环境、人物形象、日常生活、丧葬习俗等，高度概括展览内容。从3500年前的盘龙城到现代武汉，历经千年风雨，跨越朝代更迭，盘龙城的历史启迪后世，是现代武汉永不枯竭的精神源泉，是武汉坚固不摇的城市之根。

后记

　　盘龙城遗址博物院基本陈列"江汉泱泱　商邑煌煌——盘龙城遗址陈列"于 2019 年 9 月 27 日正式开放。展览推出后，获得学界与观众好评，并荣获"第十七届（2019 年度）全国博物馆十大陈列展览精品奖"。现将陈列内容和文物照片整理成册，以飨大众。

　　为了使展览更具学术性，我们充分汲取了专家学者意见及研究成果，特别邀请了夏商周断代工程首席科学家、北京大学考古文博学院教授李伯谦先生，武汉大学张昌平教授，南方科技大学唐际根教授等作为展览顾问。展览大纲数次易稿，最后由我院副院长刘森淼研究员率全院专业人员完成了陈列方案，并经北京大学徐天进教授、湖北省社会科学院刘玉堂研究员做了文字上的修改润色。

　　感谢中国博物馆协会刘曙光理事长在百忙中为图录作序。

　　陈列布展和图录编辑工作得到了湖北省博物馆、河南省文物考古研究院、四川广汉三星堆博物馆、岳阳市博物馆、荆州博物馆、武汉博物馆、武汉市文物考古研究所、武汉市黄陂区文物管理所等单位的大力支持与帮助，文物出版社的周艳明编辑为图录的出版付出了辛勤劳动，在此表示衷心的感谢。

　　由于编者水平有限，图录中可能存在错漏，敬祈各位专家读者批评指正。

编者

2021 年 2 月 5 日